音声ダウンロード付

大学入試
肘井 学の

読解のための
英文法
が面白いほどわかる本

難関大
編

スタディサプリ講師
肘井 学
Gaku Hijii

JN048271

はじめに

『**大学入試 肘井学の 読解のための英文法が面白いほどわかる本**』
を刊行して、はや5年が経過しました。もうこれで最後の執筆になる
かもしれないという覚悟で書いた本でしたが、全国の様々な教育機関
で先生方に推奨していただける英文解釈の定番書の1つとなりました。

おかげ様で、5年の歳月の間に、もう少し難しいレベルを扱った続
編を出してほしいという声を非常に多くいただく機会に恵まれました。

前著は、英文解釈の最初の1冊をイメージして書いたので、あえて
難しい知識や些末な知識を省いて構成しました。中堅私大〜難関私大、
そして共通テスト、地方国公立〜上位国公立までカバーしている内容
となりますが、早慶上智や難関国公立レベルまで行くと、完全にはカ
バーしきれていないのも事実です。

よって、本書では、**前著であえて封印した知識を全開にして、英文
解釈においては、前著と本書で、どの大学の入試問題にも対応できる
内容**としました。

いわば、**本書は私自身の知識を全開にして書いた1冊**となります。
英文法の総合書ですら扱っていない知識も盛り込んでいます。本書の
掲載英文を完璧にすることで、どの大学でも通用する解釈の力が身に
付くでしょう。

本書を通じて成長できる自分の姿を楽しみに、この1冊を完璧に仕
上げてください。

<ruby>肘<rt>ヒジ</rt></ruby><ruby>井<rt>イ</rt></ruby> <ruby>学<rt>ガク</rt></ruby>

39 のテーマ一覧

も く じ

序章 SVの発見 編

第1章 ネクサス 編

第2章 構文 編

第3章 倒置 編①

本書の特長

特長その❶

すべての英文にひと目でわかる英文図解付き！

　確認問題、応用問題の計 124 の英文に、**ひと目で文の構造がわかる英文図解**を付けました。英文図解の下にある文字での説明とひと目で見て文構造がわかる**英文図解**で、学習理解に相乗効果が生まれます。

特長その❷

ハイレベル英文解釈を体系化した 39 のテーマ

　本書では、難しい英文を数多くこなすだけではなくて、**学習効率を徹底的に追求**しました。その結果、**入試頻出の 39 のテーマでハイレベル英文解釈の知識を体系化して整理**しました。『大学入試 肘井学の読解のための英文法が面白いほどわかる本』の 33 のテーマと合わせて、完璧な英文解釈の知識となります。

特長その❸

入試問題から厳選した確認問題と応用問題

　39 のテーマに沿って、**入試問題から厳選した 62 題の 確認問題** を用意しました。 確認問題 をクリアーしたら、少し解釈のレベルが上がる 応用問題 に進んで、知識の定着と応用力を養っていきます。

特長その❹

テーマを補強する 50 のポイント付き！

　ハイレベル英文解釈の 39 のテーマに加えて、**テーマを補強する 50 のポイント**を掲載しています。50 のポイント一覧は、次のページの通りです。

50 のポイント

本 書 の 使 い 方

使い方その❶
確認問題にトライ

まずは、入試問題から厳選した 確認問題 を解いてみましょう。本書の 確認問題 は、すべて入試問題の下線部和訳などで出題された、読解の急所となる英文で構成されています。これを最後までやり続けるだけで、英語力を一気に向上させることができます。

使い方その❷
応用問題にトライ

確認問題 とその説明やポイントで学んだ知識を応用して、一段上の英文である 応用問題 にトライしてください。応用問題 は 確認問題 より難易度が高くなりますが、確認問題 と同様に、すべて入試問題から厳選したものになります。

使い方その❸
重要語彙リストで単語・熟語を覚える

英語力を向上させるうえで、単語力はもっとも重要な力になります。本書は、**英文解釈の力を養うことを主な目的**としていますが、その最中にも重要語彙リストを利用して、単語力を向上させていきましょう。

使い方その❹
10回音読をする

本書は英文解釈の力を養うことが一番の目的ですが、解説を読んで理解した英文を自力で素早く解釈できる力を身に付けるには、**音読して繰り返すことが重要**になります。**模範となる音声を聞きたい方は**、音声ダウンロードを利用して、**本書の英文を見ながら、英語音声に合わせて、音読を10回すること**をおすすめします。

本 編 に 入 る 前 に

● 句と節について

　句と節とは、両方とも**意味のカタマリ**のことをいいます。例えば、**After I finished the book**, I went to bed.では、**After I finished the book** が1つの意味のカタマリで、そこに I finished という **SV の文構造があるので、節**といいます。かつ **After I finished the book** は went を修飾する副詞の働きをしているので、**副詞節**といいます。

　それから、**To walk** is healthy exercise. という文では、**To walk** が「歩くこと」という意味のカタマリを作っており、そこに **SV がないので、句**といいます。かつ **To walk** は「歩くこと」という名詞のカタマリなので、**名詞句**といいます。

　節は**名詞節・形容詞節・副詞節**、句は**名詞句・形容詞句・副詞句**と、意味のカタマリで分類すると、6種類の意味のカタマリがあります。

● カッコについて

　名詞のカタマリ（名詞句・名詞節）は〈　〉で表します。**形容詞のカタマリ（形容詞句・形容詞節）は（　）で表し、前の名詞を修飾します。副詞のカタマリ（副詞句・副詞節）は［　　］で表し、動詞を修飾します。**

● 主節と従属節（従位節）について

　上にあげた文を、**文の中心とそれ以外という視点で区別する用語**に、**主節と従属節（従位節）があります。主節は文の中心となる意味のカタ**マリで、最初にあげた文では I went to bed. を指します。一方で、**従属節は従属という言葉通り、付属的で接続詞を含む意味のカタマリのこと**です。最初の文では **After I finished the book** を指します。

● 文の要素について

英文の各パーツを理解するために、**S（主語）**、**V（動詞）**、**O（目的語）**、**C（補語）**、そして **M（修飾語）** という5つの記号で、文の要素として振り分けます。Sは、I walk in the morning. の I のような**日本語の「〜は・が」に当たる部分**です。Vは、**walk** のような**日本語の「〜する」に当たる部分**です。Oは I like **music**. の **music** のような**動詞の目的語**などを指します。Cは、I am **a teacher**. の **a teacher** のように、I という**主語や、ときに目的語の補足説明**をする記号です。文型には入らない修飾語を M で表します。

● 品詞について

名詞・形容詞・副詞・前置詞が主要な品詞です。**名詞**は、I like music. の I のように、I という名詞が**文の S** になったり、**music** という名詞が**文の O** になったり、I am **a teacher**. の **a teacher** のように **C** になったりします。**名詞は文の S・O・C のどれかになります。**

形容詞は、a **cute** girl の **cute** のように**名詞を修飾**するか、He is **old**. の **old** のように補語になります。**形容詞は、名詞を修飾するか文の補語になる**かのいずれかです。

副詞は、**very** good の **very** のように、後ろの**副詞や形容詞を修飾**します。You can see the bird **clearly**. の **clearly** のように「はっきりと見える」と**動詞を修飾**したり、**Clearly**, we need to run. の **Clearly** のように**文を修飾**したりします。

前置詞は、The train **for** Tokyo will arrive **at** nine. の **for** のように、**for Tokyo**「東京行きの」という**形容詞のカタマリ**を作って前の名詞 **The train** を修飾するか、**at** のように **at nine**「9時に」という**副詞のカタマリ**を作って動詞 arrive を修飾します。**前置詞は形容詞のカタマリと副詞のカタマリ**を作ります。

音声ダウンロードについて

音声ファイルは、以下からダウンロードして聴くことができます。

https://www.kadokawa.co.jp/product/322008000751
ID / eibunpou2　Password / hatten-1

- ダウンロードはパソコンからのみとなります。携帯電話・スマートフォンからはダウンロードできません。

- スマートフォンに対応した再生方法もご用意しています。詳細は上記URLへアクセスの上ご確認ください（※ご使用の機種によっては、ご利用いただけない可能性もございます。あらかじめご了承ください）。

- 音声はmp3形式で保存されています。お聴きいただくにはmp3ファイルを再生できる環境が必要です。

- ダウンロードページへのアクセスがうまくいかない場合は、お使いのブラウザが最新であるかどうかをご確認ください。また、ダウンロードする前にパソコンに十分な空き容量があることをご確認ください。

- フォルダは圧縮されていますので、解凍したうえでご利用ください。

- 音声はパソコンでの再生を推奨します。一部ポータブルプレイヤーにデータを転送できない場合もございます。あらかじめご了承ください。

- なお、本サービスは予告なく終了する場合がございます。あらかじめご了承ください。

序　章

🧑‍🦰 SVの発見 編

- -
テーマ 01 　SV が発見できれば難しい英文が読める①〜④
- -

＊SVを発見することは、英文読解の基本になります。Sが発見しづらいの
は、Sが単語１語ではなくて、長くなる場合です。『大学入試　肘井学の
読解のための英文法が面白いほどわかる本』で紹介した長いSを作る単語
のプラスαを紹介していきます。

SVを特定して、次の英文の意味を考えなさい。

That people vote along ethnic lines is often entirely rational much like people in the West vote according to class or region.

（一橋大）

That の後ろに people vote と SV が続くので、**名詞節を作る接続詞の that** と予測します。**1つの節に使われる SV は1つなので**、is の手前までが That の作る名詞節だと特定できます。**That people vote along ethnic lines「人が民族によって投票すること」**という名詞節で、文のSになっています。長いSを作れる単語を確認します。

●ポイント ① 長いSを作る単語（応用編）

that ／ what ／ how ／ whether ／ 疑問詞 ／ 動名詞

前作では長いSを作る単語の代表例として、that, what, how をあげました。本書では、それらに**whether**、**疑問詞**、**動名詞**も追加します。**名詞のカタマリを作れるものが長いSを作る単語**になります。不定詞の名詞的用法も長いSとなる可能性はありますが、一般的に形式主語の it を使います。

確認問題 に戻ります。Sが That 〜 lines と特定できたら、動詞は is になります。この文は第2文型で、副詞の entirely が rational を修飾して「まったく合理的だ」と文のCになります。次に、like の品詞は動詞、前置詞、接続詞などがありますが、**後ろに people vote と SV が続くことから、接続詞の like「〜ように」とわかります。従属接続詞の後ろには通常 SV が続く**ことを根拠に、like の品詞を特定しましょう。

ポイント❷ likeの品詞

⇒ 動詞 / 前置詞 / 接続詞 / 形容詞 / 副詞 / 名詞

likeの品詞は、実は上記のようにたくさんあります。動詞は誰しも知っているのでいいとして、重要なのは**前置詞**と**接続詞**になります。名詞の場合は**likes and dislikes**「**好き嫌い**」のように複数形になったりするので、簡単に特定できるでしょう。前置詞と接続詞のlikeを例文で確認していきます。

> **例文** 次の文の **like** の品詞を特定して、意味を考えなさい。
> ① I'm like you.
> ② She sings like I do.

①の文は**前置詞のlike**「**〜のような**」から、「**私はあなたと同類だ**」＝「**同じ意見です**」となります。接続詞のlikeは、例文②のように代動詞のdoと相性が良くて、よく一緒に使われます。このdoはsingの代わりです。よって、「**彼女は私と同じように歌う**」となります。

確認問題 に戻ると、likeの手前のmuchは、副詞で「**ほぼ**」という意味になります。**much the same**「**ほぼ同じ**」と同じ用法です。much likeから副詞節が始まり、regionまでの意味のカタマリを作って、動詞のisを修飾します。以上を 英文図解 で確認します。

英文図解

〈That people vote along ethnic lines〉 is often entirely rational
　　　　　　　　　　　　　　　　　　S　　　V　M　　　　　C
名詞節のthat
[much like people in the West vote according to class or
　　　　　　　　　　　　　　　　M
接続詞のlike
region].

和訳 人が民族によって投票することは、西洋の人々が階級や地域によって投票するのとほぼ同じように、まったく合理的であることが多い。

> SV を特定して、次の英文の意味を考えなさい。
>
> That these authors were all themselves extraordinary figures whose colorful life-stories have been made the subject of biographies and television documentaries is perhaps not well-known.
>
> （北海道大）

Thatの後ろに these authors were と SVの文構造が続くので、**名詞節を作るthatと予測して、節の範囲を特定**します。**関係代名詞のwhoseから、さらに形容詞節のカタマリが始まる**ので、その範囲も特定します。**1つの節に使うSVは1つ**から、have been made がwhoseの作る形容詞節のVで、2個目のVのisの手前までと範囲を特定します。

Vのhave been madeは能動態をイメージすると、元々make O C「OをCにする」なので、O' be made C「O'がCにされる」＝「O'がCになる」と理解します。**whose colorful life-stories have been made the subject of biographies and television documentaries「華麗な人生が、伝記やテレビのドキュメンタリーの主題となった」**が先行詞の extraordinary figures「並外れた人物」を修飾します。

Thatの名詞節でも、1つ目のVがwereで、have been madeはwhoseの作る節のVで、isが2つ目のVなので、この手前までがThatの作る名詞節です。**That these authors were all themselves extraordinary figures whose colorful life-stories have been made the subject of biographies and television documentaries「これらの作者は、彼ら自身が全員、その華麗な人生が、伝記やテレビのドキュメンタリーの主題となっている並外れた人物であること」**の意味で、文のSになります。well-knownがCで、第2文型の文です。ここまでを 英文図解 で確認します。

英文図解

〈That these authors were all themselves extraordinary figures
▲
名詞節の that
　　　　　　　　　　　　　　　　　　S

whose colorful life-stories have been made the subject of
▲
関係代名詞の whose

biographies and television documentaries〉 is perhaps not
　　　　　　　　　　　　　　　　　　　　　　V　　　　　　M

well-known.
C

和訳 これらの作者は、彼ら自身が全員、その華麗な人生が、伝記やテレビ
のドキュメンタリーの主題となっている並外れた人物であることは、
おそらくあまり知られていない。

テーマ **01** ①の重要語彙リスト

vote	動 投票する
ethnic	形 民族の
entirely	副 まったく
rational	形 合理的な
according to	熟 〜に従って
class	名 階級
region	名 地域
author	名 作者
extraordinary	形 並外れた
figure	名 人物
life-story	名 生涯
subject	名 主題
biography	名 伝記
perhaps	副 おそらく
well-known	形 よく知られた

テーマ 01 SVが発見できれば難しい英文が読める②

SVを特定して、次の英文の意味を考えなさい。

What distinguishes human verbal language from any other variety is that the code it uses is much more complex.

（三重大）

　関係代名詞の**What**から意味のカタマリが始まり、2つ目のVのisの手前までの**名詞節**を作ります。**What distinguishes human verbal language from any other variety**「ヒトの言語を他のどの種の言語とも区別するもの」と文のSになります。**distinguish A from B「AをBと区別する」**をおさえましょう。1つ目のisが文のVになります。verbal languageとはnon-verbal languageと対で使われるもので、厳密に訳すとそれぞれ「言葉による言語」、「言葉によらない言語」ですが、ここではverbal languageは「言語」と訳します。

　続いて、thatから意味のカタマリが始まり、complexまでの名詞節を作り、文のCになります。that節の中で、the code it usesが**名詞SV**の並びから、**関係詞の省略**と特定します。it usesが形容詞のカタマリで、the codeを修飾します。itはhuman verbal languageを指します。**muchは比較級**の**more complexの強調で「ずっと」**の意味です。**that the code it uses is much more complex「それが使う規則が他のものよりもずっと複雑だということ」**の意味です。ここまでを 英文図解 で確認します。

英文図解

〈What distinguishes human verbal language from any other
　　関係代名詞「～こと」　　　　　　　　　　　　　S

variety〉 is 〈that the code it uses is much more complex〉.
　　　V　　名詞節のthat「～こと」　関係詞の省略　　C　比較級の強調「ずっと」

和訳 ヒトの言語を他のどの種の言語とも区別するものは、それが使う規則が他のものよりもずっと複雑だということだ。

ポイント ❸ 「ヒト」・「人」・「人間」の使い分け

「ヒト」は、本問のように**生物学上の分類で他の種と区別して使うとき**に使います。英語では**human beings**と表します。「**人（ひと）」は個々人**を指して、英語では**person**です。「**人間」は他の人とかかわりのある文脈**で使い、英語では**people**で表します。

日本語	日本語の意味	英語
ヒト	動物と対比した生物学上の人	human beings
人	個々の人	person
人間	他の人とかかわりのある文脈の人	people

応用問題 2

SVを特定して、次の英文の意味を考えなさい。

What is treated in high school as eternal and unchangeable fact will be treated in college as belief that may perhaps be well supported at the present but that could turn out to be wrong.

(青山学院大)

関係代名詞の**What**から意味のカタマリが始まり、2つ目のVの**will be** treatedの手前までの名詞節を作ります。**What is treated in high school as eternal and unchangeable fact**「高校で永久不変の事実として扱われるもの」の意味で、文のSになります。Vは**will be treated**「扱われるだろう」です。

thatは**後ろのSが欠けている不完全文**なので、**関係代名詞**です。さらに**but**は後ろに**that**節が続くので、**先行詞のbeliefを修飾する2つのthat節をつないでいる**とわかります。2つ目のthat節では、**turn out to be C**「Cとわかる」をおさえておきましょう。ここまでを 英文図解 で確認します。

〈What is treated in high school as eternal and unchangeable

関係代名詞「〜こと (もの)」

S

fact〉 will be treated [in college] [as belief that may perhaps

V　　　　　　　M　　　　　　　　関係代名詞の that　　M

be well supported at the present but that could turn out to be

that 節と that 節の接続

wrong].

和訳 高校で永久不変の事実として扱われるものは、大学ではひょっとすると現在はしっかりと立証されているかもしれないが、間違っているとわかる可能性のある考えとして扱われるだろう。

テーマ01 ② の重要語彙リスト

distinguish A from B	熟 A を B と区別する
verbal language	名 言語
code	名 規則
complex	形 複雑な
treat	動 扱う
eternal	形 永久の
unchangeable	形 不変の
belief	名 信条、考え
perhaps	副 ひょっとすると
support	動 支持する、立証する
at the present	熟 現在
turn out to be C	熟 C とわかる

SVが発見できれば難しい英文が読める③

確認問題 3

SVを特定して、次の英文の意味を考えなさい。

Whether students are able to see the link between their present and future may have critical results for society.

（中央大）

　Whetherから意味のカタマリが始まり、2個目の動詞のmay haveの手前までの名詞節を作ります。**Whether students are able to see the link between their present and future**「学生が自分の現在と未来のつながりを見ることができるかどうか」の意味になります。**whether**が作るカタマリが文の**S・O・C**だと名詞節で「〜かどうか」、それ以外は副詞節で「**A**だろうと**B**だろうと」の意味になります。

　betweenから前置詞のカタマリが始まり、futureまでの**形容詞句**を作って、the linkを修飾します。**the link between their present and future**「自分の現在と未来のつながり」という意味になります。文の**V**は、may haveで、critical resultsが**O**の第3文型になります。ここまでを 英文図解 で確認します。

英文図解

〈Whether students are able to see the link between their
「〜かどうか」　　　　　　　　　　　S　　　　　　between A and B「AとBとの間」
present and future〉 may have critical results [for society].
　　　　　　　　　　　V　　　　　　　O　　　　　　　　M

和訳 学生が自分の現在と未来のつながりを見ることができるかどうかは、社会に重大な成果をもたらすかもしれない。

SV を特定して、次の英文の意味を考えなさい。

Whether the controversial membership policy of the prestigious golf club will be modified so that women can join as regular members depends on the size of the profit they would bring to the club.

（中央大）

Whether から意味のカタマリが始まり、途中の so that からも意味のカタマリが始まります。**so that S 助動詞** で「**Sが〜するように**」と副詞節を作ります。１つの節にSVは１つから、so that 以降の２個目の動詞の depends の手前までの意味のカタマリを作ります。**so that women can join as regular members**「**女性が正会員になれるように**」という意味で、動詞の will be modified を修飾します。

　Whether から始まる意味のカタマリは、途中の so that の意味のカタマリを越えて、２個目のVの depends の手前までの名詞節を作ります。**Whether the controversial membership policy of the prestigious golf club will be modified so that women can join as regular members**「**名声あるゴルフクラブの論争の的になっている会員規則が、女性が正会員になれるように修正されるかどうか**」の意味で、文のSになります。

　depend on は**目的語に人以外が来ている場合**は、「**〜次第だ**」の意味になります。

ポイント ④ depend on の使い分け

例文

① The children depend on their mother.
　訳　その子供たちは、母親を頼りにしている。
② Everything depends on how you feel.
　訳　すべてはあなたの感じ方次第だ。

　①は、目的語に their mother と人が来ているので、depend on の意味は

「〜に頼る」でかまいません。一方で②は、目的語にhow you feelと人以外が来ているので、「〜次第だ」としましょう。

応用問題 に戻ると、the profit they would bringで**名詞SVの語順**になるので、**関係詞の省略**と気付きます。theyからclubまでの**形容詞のカタマリ**が**the profit**を修飾します。theyはwomenを指します。the profit they would bring to the clubで、「女性がそのクラブにもたらすだろう利益」の意味です。英文図解 で確認します。

英文図解

〈Whether the controversial membership policy of the
　▲　　　　　　　　　　　　　　　　　　　　S
「〜かどうか」

prestigious golf club will be modified so that women can join
　　　　　　　　　　　　　　　　　　▲　　　　　　　▼
　　　　　　　　　　　　　　「〜するように」　　womenを指す

as regular members〉 depends on the size (of the profit they
　　　　　　　　　　　　　V　　　O　　　M　　　▲
　　　　　　　　　　　　　　　　　　　　　　関係詞の省略

would bring to the club).

和訳 名声あるゴルフクラブの論争の的になっている会員規則が、女性が正会員になれるように修正されるかどうかは、女性がそのクラブにもたらすだろう利益の大きさ次第だ。

テーマ01 ③の重要語彙リスト

link	名 つながり
critical	形 重大な
controversial	形 論争の的になっている
prestigious	形 名声ある
modify	動 修正する
so that S 助動詞	接 S が〜するように
depend on	熟 〜次第だ
profit	名 利益

確認問題 4

SVを特定して、次の英文の意味を考えなさい。

How a brief, casual stroll alters the various mental processes related to creativity remains unclear.

（学習院大）

Howから名詞節が始まります。a brief, casual strollは、元々a brief and casual strollで、andがカンマに変わった表現です。**同じ性質の形容詞が2つ並ぶと、カンマで並列される**ことがあります。altersがHowの名詞節のVです。**relatedは過去分詞**で、related to creativity「創造性にかかわる」と**形容詞のカタマリを作り**、the various mental processesを修飾します。

remainsが2個目の動詞なので、Howからスタートした名詞節はremainsの手前のcreativityまでの名詞節を作るとわかります。**How a brief, casual stroll alters the various mental processes related to creativity**「短時間かつ軽く歩くことで、創造性にかかわる様々な心理作用がどのように変わるのか」の意味で、文のSになります。**howは関係副詞なら「〜する方法」で、疑問詞なら「どのように〜か」**となり、文脈で適切な方を選びます。本問では、疑問詞でとらえるときれいな日本語になります。remainsがVで、unclearがCの第2文型の文です。**remain C「いまだにCのままだ」**と覚えておきましょう。ここまでを 英文図解 で確認します。

英文図解

〈How a brief, casual stroll alters the various mental processes
　　　▲　　　　　　　　　　　　　　　　　　　　S
　「どのように〜か」

related to creativity〉 remains unclear.
　　▲　　　　　　　　　V　　　　C
　過去分詞の名詞修飾

和訳 短時間かつ軽く歩くことで、創造性にかかわる様々な心理作用がどのように変わるのかは、いまだに明らかになっていないままだ。

応 用 問 題 4

SV を特定して、次の英文の意味を考えなさい。

The capacity to find things beautiful seems to be almost universal — although, to a certain extent, which things are found beautiful varies according to time and place. （津田塾大）

to find が**不定詞の形容詞的用法**で、beautiful までの形容詞句を作り、The capacity を修飾します。find O C「OをCと思う」から、「**ものを美しいと思う能力**」の意味になります。seems が文のVで、**seem to be「〜であるように思える**」です。副詞の almost が universal を修飾して、「ほぼ普遍的だ」となります。

although は文頭ではなくて、**文中に置かれる場合**は「もっとも〜」と訳していきましょう。**疑問形容詞**の which から意味のカタマリが始まり、この節の2個目のVの varies の手前までの名詞節を作ります。**which things are found beautiful**「どのものを美しいと思うか」の意味で、although が作る副詞節のSになっていることに注意しましょう。ここまでを 英文図解 で確認します。

英文図解

The capacity (to find things beautiful) seems to be almost
　　　S　　　　　　　　　M　　　　　　　　　　　V
　　　　　　　不定詞形容詞的用法

universal — [although, to a certain extent, which things are
　　C　　　　　　　　　　　　　　　　　　　　M
　　　　　　　　　　　　　　　　　疑問形容詞「どの 名詞 が〜か」

found beautiful varies according to time and place].
　　　　　▲
　　although の副詞節内のV

和訳 ものを美しいと思う能力は、ほぼ普遍的であるように思える。もっとも、どのものを美しいと思うかは、時間と場所によって、ある程度変わるものだ。

テーマ 01 ④の重要語彙リスト

brief	形	短時間の
casual	形	軽い
stroll	名	散歩
alter	動	変える
relate A to B	熟	A を B に関係させる
creativity	名	創造性
remain C	動	いまだに C のままだ
capacity	名	能力
universal	形	普遍的な
to a ～ extent	熟	～な程度まで
vary	動	変わる

第 **1** 章

ネクサス 編

＊ネクサスとは、英文のSV以外に現れる隠れたSVを意味します。具体的には、不定詞のSと不定詞、動名詞のSと動名詞、付帯状況のwithのOCに隠れたSVが現れることがあります。

不定詞の主語がわかれば難しい英文が読める

確認問題 5

次の英文の意味を考えなさい。

For any organization to be sustainable, it needs to be profitable for everyone across the supply chain: farmers, processors and retailers.

（同志社大）

For any organization は、後ろに to be の不定詞があることから、**不定詞のS**だとわかります。**肯定文の any は「いかなる〜でも」**と訳すので注意しましょう。続いて、to be sustainable は**不定詞の副詞的用法**で「〜するためには」の意味です。**「いかなる組織でも持続可能であるためには」**と副詞句を作り、文のVである needs を修飾します。

ポイント 5 準動詞の主語

ネクサスとは、**英文のSV以外にある隠れたSV**を意味します。**準動詞（不定詞・動名詞・分詞）のSと準動詞**は、このネクサスの代表例となります。特に、不定詞と動名詞のSは要注意なので、確認していきましょう。

不定詞のS	for S to do
動名詞のS	所有格（目的格）doing

不定詞のSは、to do の前に for 〜の形で置きますが、不定詞のSと意識付けするために、**for S to do** の形で覚えましょう。動名詞は、**doing の前に所有格や目的格**の形で置きます。

確認問題 に戻ると、it は any organization を指して、文のSです。across から chain までの形容詞句が everyone を修飾して、**「サプライチェーン上のすべての人」**という意味になります。ちなみにサプライチェーンとは、製品の原材料・部品の調達から、製造、在庫管理、配送、販売、消費までの全体の一連の流れのことをいいます。仮にこれがわからなくても、コロンの役割がわかれば、意味を類推できます。

ポイント❻ コロン（:）の役割

> 例文 コロンの役割を意識して次の文の意味を考えなさい。
>
> I bought many things at the grocery store yesterday: milk, carrots, and meat.

「私は昨日スーパーで多くのものを買った」という文ですが、コロンの後ろで、その「多くのもの」の具体例をあげています。「牛乳、ニンジン、お肉」といった具合にです。このように、**コロンは前の抽象的な表現を後ろで具体化する役割がある**ので、覚えておきましょう。そのために、「例えば」と訳されることがよくあります。

確認問題 を 英文図解 で確認します。

> 英文図解
>
> any organization を指す
>
> [For any organization to be sustainable], it needs to be
> 不定詞のS   M 不定詞 副詞的用法   S   V
>
> profitable [for everyone across the supply chain: farmers,
> C   M
>
> processors and retailers].

和訳 いかなる組織でも持続可能であるためには、サプライチェーン上のすべての人、すなわち農家、加工業者、小売店に利益をもたらす必要がある。

次の英文の意味を考えなさい。

She had proclaimed that for there to be any hope for society, dreaming of new possibilities was absolutely necessary.

（同志社大）

She had proclaimed が SV で、that が接続詞で名詞節を作っています。that ～ necessary までの大きな名詞のカタマリを作って、文の O です。that 節の中は、**for there to be any hope for society** が問題となります。to be が不定詞なので、**for there が不定詞の S** とわかります。元の文をイメージすると、there is any hope for society「社会に希望がある」です。to be は不定詞の副詞的用法なので、「**社会に希望が存在するためには**」と副詞句を作って、that 節内の動詞の was (absolutely necessary) を修飾します。

dreaming of new possibilities は動名詞が作る名詞句で「**新しい可能性を夢見ること**」の意味で、that 節の S になっています。ここまでを 英文図解 で確認します。

英文図解

She had proclaimed ⟨that for there to be any hope for society,
S　　　V　　　　　　　名詞節のthat　不定詞のS　不定詞 副詞的用法　　　　　　　O

dreaming of new possibilities was absolutely necessary⟩.
動名詞

和訳 彼女は、社会に希望が存在するためには、新しい可能性を夢見ることが絶対に必要だと宣言した。

😊 テーマ 02 の重要語彙リスト

organization	名 組織
sustainable	形 持続可能な
profitable	形 利益のある
processor	名 加工業者
retailer	名 小売業者
proclaim	動 宣言する
absolutely	副 絶対的に

テーマ 03 動名詞の主語がわかれば難しい英文が読める

確認問題 6

次の英文の意味を考えなさい。

The concept of people viewing beauty differently from their own points of view has been around in most cultures of the world since ancient times.

（宇都宮大）

The concept ofのofは**同格のof**です。同格とは**前後イコールの関係**を意味するので、「**〜という概念**」と訳しましょう。the ideaやthe factなどの**抽象的な名詞と、同格のofやthatの相性が良いこと**をおさえておきましょう。続いて、people viewing beautyが本問の最大のポイントになります。

一見すると、viewingが現在分詞でviewまでの形容詞句を作り、peopleを修飾しているようにも思えます。しかし、「自分自身の観点から、違ったふうに美を見る人という概念」に違和感を覚えるので、**viewingを現在分詞と判断した予測を修正して、動名詞ととらえ直します**。すると、peopleを**動名詞のSとみなして、「人が自分自身の観点から、違ったふうに美をとらえるという概念」の方が適切だ**とわかります。**動名詞のSは所有格か目的格で動名詞の前に置きます**が、目的格で置かれることが多いようです。続いて、has beenの後ろのaroundが第2のポイントです。

🤔ポイント 7 存在のaround

> 例文 青色の単語の役割を意識して、次の文の意味を考えなさい。
> The store has been around for more than ten years.

存在のaroundといって、**現在完了形との相性が良い**表現になります。aroundの「**周辺**」のイメージから、「**あちらこちらにいた**」＝「**存在していた**」となります。

確認問題 を 英文図解 で確認します。

英文図解

同格の of
▼
The concept (of people viewing beauty differently from their
S   動名詞のS 動名詞   M

own points of view) has been around [in most cultures of the
                      V   M   M

world] [since ancient times].
M

和訳 人が自分の観点から、違ったふうに美をとらえるという概念は、古代から世界のほとんどの文化で存在していた。

応 用 問 題 6

次の英文の意味を考えなさい。

Next time you board your plane, spare a little extra thought for your flight attendants, for they are the ones most responsible for you arriving at your destination safely after having had a great in-flight experience. （宮城教育大）

　Next time が接続詞の役割で、plane までの副詞節を作り、V の spare を修飾します。**Next time S'V', SV.「次に S' が V' するときに、S が V する」**の意味です。spare が文の V で、命令文です。**spare a little extra thought「ちょっと余計な考えを割く」**、すなわち「**いつもよりちょっと考える**」と意訳します。

　続いて、カンマのあとの for の後ろに they are と SV が続くので、**接続詞の for「というのは〜だから」**と特定します。they は your flight attendants を指し、the ones は「人たち」の意味です。**most responsible から意味のカタマリが始まり、experience までの形容詞句を作り、the ones を修飾**します。

　responsible for の後ろに動名詞の arriving があることから、you を**動名詞の主語**と特定します。**you arriving at your destination safely「あ**

なたが目的地に安全に到着すること」と名詞句を作ります。ここまでを 英文図解 で確認します。

英文図解

[Next time you board your plane], spare a little extra thought
　　　　　　　　　　　　M　　　　　　　　V　　　　　　O
「次に~するときに」

[for your flight attendants], for they are the ones (most
　　　　M　　　動名詞のS　　　接続詞の for　　　　M　　形容詞の後置修飾

responsible for you arriving at your destination safely after
　　　　　　　　　　　　動名詞

having had a great in-flight experience).

和訳 次にあなたが飛行機に乗るときは、フライトアテンダントのことを、いつもよりちょっと考えてみよう。というのは、その人たちが、素晴らしい機内での体験をした後に、あなたが目的地に安全に到着することに、最も責任のある人たちだからだ。

テーマ 03 の重要語彙リスト

concept	名 概念
beauty	名 美
from one's point of view	熟 ~の観点から
be around	熟 存在している
next time S'V', SV.	接 次に S' が V' するときに、S が V する。
spare	動 ~を割く
extra	形 追加の
flight attendant	名 フライトアテンダント
接続詞の for	接 というのは~だから
be responsible for	熟 ~に責任がある
destination	名 目的地
in-flight	形 機内の

テーマ 04 付帯状況のwithがわかれば難しい英文が読める

確認問題 7

次の英文の意味を考えなさい。

Students are chosen by lottery, with any fourth grader living in the Bronx eligible to apply.

（島根大）

カンマの手前までは、lotteryの意味さえわかれば、問題ないでしょう。lotteryは「**抽選**」の意味なので、「学生は抽選で選ばれる」となります。カンマの後ろのwithが問題になります。

　解釈に迷うwithは、十中八九、付帯状況のwithと心得ておきましょう。普通のwithは、後ろに目的語を１つ置くだけですが、**付帯状況のwith**は、**with O Cと文の要素を２つ続けることが可能**になります。以降、**付帯のwith**と呼びます。本問では、graderの後ろのlivingは現在分詞で、ここから意味のカタマリが始まり、Bronxまでの形容詞句を作り、graderを修飾します。すると、any fourth grader「どんな４年生でも」がOで、eligible「資格のある」以下がCなので、**付帯のwith**とわかります。OとCの主語・述語の関係に気付きましょう。**with any fourth grader living in the Bronx eligible to apply**「**ブロンクスに住んでいる４年生であれば、誰でも応募する資格がある**」となります。**付帯のwith**は、後ろにOとCにあたる文の要素が２つ来ることがヒントになります。ここまでを 英文図解 で確認します。

英文図解

　　　　　　　　　　　　　　　　　付帯のwithのO
　　　　　　　　　　　　　　　　　　▼
Students are chosen [by lottery], [with any fourth grader
　S　　　V　　　　　　M　　　　　　M
　　　　　　　　　　　　　　　付帯状況のwith

living in the Bronx eligible to apply].
　▲
現在分詞の後置修飾　　　付帯のwithのC

和訳 学生は抽選で選ばれて、ブロンクスに住んでいる４年生であれば、誰でも応募する資格がある。

応 用 問 題 7

次の英文の意味を考えなさい。

There are no chairs in the cafeteria at one high school in central China. They disappeared during the summer so that students could store up a few precious extra minutes of study time. With the chairs gone, there was no risk of spending too much over lunch.

（学習院大）

　第１文は、there be 構文なので、no chairs が文のSになります。**central China** は、「**華中**」の意味で、中国中部の揚子江と黄河に挟まれた地域を指します。第２文のThey は、chairs を指します。**so that S** 助動詞 は「**Sが〜するように**」の意味で副詞節を作り、disappeared を修飾します。第３文の文頭にWith がきますが、後ろに the chairs, gone と文の要素が２つ続くので、**付帯の with** と判断します。**文頭の付帯の with** には、大きな特徴があるので、注意が必要になります。

ポイント❽ 文頭の付帯状況のwith

例 文 　青色の単語の役割を意識して、次の文の意味を考えなさい。
With the cost of living so high, we can't afford to travel abroad.

　With の後ろに、**the cost of living** と **so high** と文の要素が２つあるので、**付帯の with** と予測します。「**生活費がとても高い**」と文脈が通るので、付帯の with と特定します。**文頭の付帯の with は理由として解釈できる**ので、「生活費がとても高いので、私たちは海外旅行する余裕がない」とします。

応用問題 に戻ると、With the chairs gone と**文頭の付帯のwith**なので、理由で解釈して、**With the chairs gone**「椅子がなくなったので」とします。the chairs と gone に主語・述語の関係があります。

riskの後ろのofは**同格のof**で「〜というリスク」となります。over lunchのoverは**従事のover**「〜しながら」から、**over lunch**「昼食を食べながら」となります。ここまで 英文図解 で確認します。

英文図解

There are no chairs [in the cafeteria] [at one high school in
　　M　　V　　　S　　　　　　　　　M　　　　　　　　　　　M
　　　　　　　　　　chairsを指す
central China]. They disappeared [during the summer] [so
　　　　　　　　　S　　　V　　　　　　　M
　　　　　　　　　　　　　　　　　　so that S 助動詞 「Sが〜するように」
that students could store up a few precious extra minutes of
　　　　　　　　　　　　　　　　M
study time]. [With the chairs gone], there was no risk (of
　　　　　　　　　　　　　M　　　　　　M　　V　　S
　　　　　　付帯状況のwith　　　　　　　　　　　　　同格のof
spending too much over lunch).
　　　　　　M
　　　　　　　　従事のover

和訳 華中のある高校には、カフェテリアに椅子がまったくない。学生が、勉強時間の貴重な数分をとれるように、夏の間に椅子は撤去された。椅子がなくなったので、昼食を食べながらあまりに多くの時間を過ごすというリスクがなくなった。

テーマ 04 の重要語彙リスト

lottery	名	抽選
grader	名	〜年生の生徒
be eligible to do	熟	〜する資格のある
apply	動	申し込む
disappear	動	消える
store up	熟	蓄える
precious	形	貴重な
gone	形	去った

第 **2** 章

構文 編

＊強調構文、名詞構文、因果構文、分詞構文を扱います。いずれも、読解の急所ともいうべき構文で、下線部和訳などで出題される可能性が非常に高い項目になります。名詞構文とは、英語の名詞を、日本語では動詞に読みかえる技術です。因果構文とは、単文で原因と結果の関係を作る構文です。分詞構文とは、現在分詞や過去分詞を副詞句として使った構文を指します。

05 強調構文がわかれば難しい英文が読める

確認問題 8

次の英文の意味を考えなさい。

It is not technology itself that is dangerous but how we choose to use it.

（名城大）

　前作では強調構文の基本を説明したので、本作では強調構文の**【応用編】**を紹介します。**It is A that ～.**「**～なのはAだ**」が**強調構文**の基本ですが、**Aの位置にnot A but Bが入る**ことがよくあります。

ポイント ❾ 強調構文（応用編）

> **例文** 青色の単語の役割を意識して、次の文の意味を考えなさい。
> It is not you that are asking the questions, but I.

　結論から言うと、この例文は強調構文ですが、1度見た経験がないと、初見では面食らってしまうものです。**強調構文とnot A but Bの相性が良い**ことはすでに説明しました。強調構文が使われるのは、十中八九対比が意識される場面だからです。It is not A but B that ～.「～なのはAではなくてBだ」の基本をおさえたら、そこからbut Bが後ろに移動した形をおさえます。**It is not A that ～, but B.** となります。これが例文の形なので、訳は「質問をしているのはあなたではない、私の方だ」になります。

　次に、not Aを後ろに回す場合は、残されたbut Bのbutはもはや接続するものがないので省略されて、**It is B that ～, not A.** となります。上の例文をこの形にすると、It is I that am asking the questions, not you. となり、意味は同じです。not A but Bが強調構文と相性が良いのがわかれば、その他に、**not only（just）A but also B**「**AだけではなくBも**」や**not so much A as B**「**Aというよりむしろ B**」が強調構文のAの位置にくるパターンもおさえておきましょう。

◎ 強調構文(It is A that ～.)の応用パターン

① It is not A but B that ～.
② It is not A that ～, but B.
③ It is B that ～, not A.
④ It is not only (just) A but also B that ～.
⑤ It is not so much A as B that ～.

確認問題 に戻ると、**It is not A that ～ but B.** の形になっています。以上を 英文図解 で確認します。

英文図解

It is not technology itself that is dangerous but how we choose
　　　　　　　　　A　　　　　　　　　　　　　　　　　　　　　B
to use it.
　　　▲
technology を指す

和訳 危険なのは、テクノロジーそのものではなくて、私たちがそれをどう
　　　使おうとするかだ。

応 用 問 題 8

次の英文の意味を考えなさい。
New research shows that it is not just the quantity but also
the quality of parental input that matters.
（福島大）

全体の構造は、New research shows that ～. 「新しい研究が～を示す」
の第３文型です。**最初の that は名詞節を作る that** で、shows の大きな目的
語です。that の中は、It is A that ～. 「～なのはAだ」の強調構文で、Aの
位置に**not just A but also B** 「AだけではなくBも」が使われています。
not only (just) A but also B 「AだけではなくBも」も強調構文と相性が
良いことをおさえておきましょう。

inputは「助言」、matterは１語で「重要だ」という意味の動詞です。英文図解で確認します。

英文図解

New research shows ⟨that it is not just the quantity but also
　　　　　　　S　　　　　　V　　　　　　名詞節のthat　　　　　It is not just A but also B that 〜. の強調構文

the quality of parental input that matters⟩.

和訳 新しい研究によると、親のアドバイスの量だけではなく、質も重要だということがわかっている。

ポイント⑩ 無生物主語＋第３文型の訳

New Research shows that 〜. は、直訳すると「新しい研究が〜を示す」ですが、**無生物主語が第３文型で使われた場合、受け身で訳すと、きれいな日本語が完成します。**無生物主語 **VO**を受け身にすると、**O' be p.p. by**無生物主語**'**です。英語の語順に合わせてSから訳すと、「**Sによって、OがVされる**」です。

本問では、「**新しい研究によって、〜が示される**」、もう一歩工夫して、「**新しい研究によると、〜がわかっている**」と訳しましょう。

テーマ05の重要語彙リスト

research	名 研究
quantity	名 量
parental	形 親の
input	名 助言
matter	動 重要だ

テーマ 06 名詞構文がわかれば難しい英文が読める

確 認 問 題 9

次の英文の意味を考えなさい。

Listening to the music improved our understanding of the mechanism by which the chains of amino acids interact to form a material during the silk-spinning process. （京都大）

Listening が動名詞で、music までの名詞節を作り、文のSになります。improved がV、our understanding of the mechanism がOで、by which から関係詞のカタマリです。by which 以下は、the chains of amino acids「アミノ酸の鎖」がSで、interact がVです。**to form は不定詞の副詞的用法の結果用法**で、「**相互作用して（その結果）〜を形成する**」と訳します。

Listening to the music improved our understanding 〜は、 **ポイント⑩** でやったように、**無生物主語と第3文型の構文**なので、**受け身**で訳します。**「音楽を聴くことで、私たちの〜の理解は改善された」**といったん訳します。ここまでを 英文図解 で確認します。

> **英文図解**
>
> 〈Listening to the music〉 improved our understanding (of the
>   　 ▲   S   V   O   M
>   動名詞
> mechanism) (by which the chains of amino acids interact to
>   M   ▲
>   不定詞 副詞的用法 結果用法
> form a material during the silk-spinning process).

続いて、本問の目的語である our understanding of the mechanism をそのまま訳すと、「私たちの仕組みの理解」となり、助詞の「の」が連続することで、意味が不明瞭になります。そこで、**名詞構文**と言われる**和訳の極意**を紹介します。

第2章 構文編

ポイント⑪ 名詞構文

understandingは元々understandという動詞の性質があるので、「理解する」と意味上動詞ととらえて、V'とします。この作業を**名詞の動詞化**といい、きれいな和訳を作る際に、とても重要な技術となります。

続いて、understandingの後ろの**of**は、「～の」ではなくて、「**～を**」と訳します。understandingをV'とすると、the mechanismは、それに対応するO'となります。**前後を動詞・目的語の関係で結ぶofは目的格のof**といって、「**～を**」と訳します。

そして、**our**は通常「私たちの」と訳す**所有格**ですが、これもunderstandingのV'に対応するS'とみなして、「**私たちが**」と訳します。これにより、「**私たちがその仕組みを理解する**」ときれいな日本語が完成します。

最後に、**improveが後ろに名詞構文**を取ったときには、動詞化したものに「**ますます～**」と訳し加えることで、よりきれいな日本語になります。**improve our understanding of the mechanism**は、「**私たちはその仕組みをますます理解できるようになる**」と訳します。

> 和訳 その音楽を聞くことによって、アミノ酸の鎖が、絹糸を紡ぐ過程で相互に作用して1つの素材を形成する仕組みを、私たちはますます理解できるようになった。

応 用 問 題 9

次の英文の意味を考えなさい。

The continued existence of knowledge depends on the existence of someone who possesses that knowledge.

（関西学院大）

ポイントは2つのofになります。

ポイント⑫ 主格のof

The continued existence of knowledgeのofは**主格のof**といって、前

後を動詞・主語の関係で結ぶので「～が」という意味になります。よって、「知識が継続して存在していること」と訳します。

　次にdepend onは、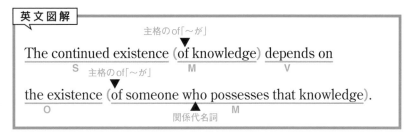ポイント❹でやったように、「～に頼る」の意味に加えて、「～次第だ」をおさえておきましょう。目的語が人以外なので、「～次第だ」と訳します。最後にthe existence of someone who possesses that knowledgeのofも主格のofで、「その知識を持っている人が存在していること」と訳します。ここまでを 英文図解 で確認します。

> **英文図解**
>
> 主格のof「～が」
> The continued existence (of knowledge) depends on
> S　　　　　　　　　　　　　　M　　　　　　　　V
> 主格のof「～が」
> the existence (of someone who possesses that knowledge).
> O　　　　　　　　　　　　　　　　　M
> 関係代名詞

和訳 知識がずっと残っていくことは、その知識を持っている人が残っているかどうか次第である。

＊ 「継続して存在している」がややカタイので、「知識」が主語であることから「ずっと残っている」とします。

テーマ06 の重要語彙リスト

mechanism	名 仕組み
chain	名 鎖
amino acid	名 アミノ酸
interact	動 相互作用する
form	動 形成する
material	名 素材
existence	名 存在
possess	動 所有する

因果構文がわかれば難しい英文が読める①

確 認 問 題 10

次の英文の意味を考えなさい。

Our understanding of the rules of grammar should allow us to determine when any utterance is finished.　　　　（愛知県立大）

Our understanding of the rules of grammarは、直訳すると「私たちの文法のルールの理解」ですが、「の」が多すぎてぎこちない日本語になります。前のテーマで扱った**名詞構文**を利用すると、**understanding**が**V'**、**of以下がO'**、**OurがS'**になります。「**私たちが文法のルールを理解すること**」とより自然な日本語になります。

続いて should は「すべきだ」と義務でとらえるより、「**はずだ**」で訳しましょう。**allow O to do**は「**O が～するのを許す**」が直訳ですが、これも**無生物主語**を取ると、**S と O to do の間に因果関係を作る**ことができます。

ポイント⑬　無生物主語 allow O to do

無生物主語 **allow O to do**は因果関係を意識して、「**S のおかげで O が～できる**」と訳しましょう。確認問題に当てはめると、「**私たちが文法のルールを理解しているおかげで、～を決定できる**」となります。determine は「**～を決定する**」と他動詞なので、**when以下を目的語に相当する名詞節**ととらえて、「**いつ～か**」と訳します。ここまでを英文図解で確認します。

英文図解

Our understanding (of the rules of grammar) should allow us
　　　　S　　　　　　目的格の of　　　　　　　　　M　　　　　　V　　　　O

to determine when any utterance is finished.
to do　　　　　名詞節の when「いつ～か」

和訳　私たちが文法のルールを理解しているおかげで、どんな話でもいつ終わるのかを判断できるはずだ。

＊determineは「決定する」、「決心する」でよく使いますが、本文では「**話がいつ終わるのか**」を目的語にとるので、「**判断する**」と訳しましょう。

応 用 問 題 10

次の英文の意味を考えなさい。

The extra caloric value we get from cooked food allowed us to develop our big brains, which absorb roughly a fifth of the energy we consume, as opposed to less than a tenth for most mammals' brains.

（大阪大）

　The 〜 value we getと**名詞SVの語順**を確認したら、**関係詞の省略**と特定します。weから形容詞節が始まり、foodまでの意味のカタマリを作って、valueを修飾します。The 〜 valueが文のSで、allowedがVなので、無生物主語 **allow O to do.** の**因果関係**を作る構文だとわかります。「**私たちが調理済みの食品から摂取する余分なカロリーのおかげで、私たちは大きな脳を発達させることができた**」となります。

　続いて、カンマ (,) whichは「そしてそれは」が直訳で、先行詞がour big brainsになります。**roughly**はaboutとほぼ同じで「**およそ**」の意味です。the energy we consumeで**名詞SVの並び**から、**関係詞の省略**と特定します。**as opposed to**は「**〜と対照的に**」と対比構造を作ります。

　a fifthとa tenthが分数を表して、それぞれ「5分の1」、「10分の1」となることに注意しましょう。ここまでを英文図解で確認します。

The extra caloric value (we get from cooked food) allowed
S　　　　　　　　　関係詞の省略　　　　　　　　　　　M　　　　　　　V

us to develop our big brains, which absorb roughly a fifth (of
O　to do　　　　　　　　　　　　　　　　V　　　　　　　　O

the energy we consume), [as opposed to less than a tenth for
M　　　　　関係詞の省略　　　「～と対照的に」　　　　　　　M

most mammals' brains].

和訳 私たちが調理済みの食品から摂取する余分なカロリーのおかげで、私たちは大きな脳を発達させることができた。ほとんどの哺乳類の脳が、全身で消費するエネルギーの10分の1に満たないエネルギーを使い尽くすのに対して、私たちの脳は消費するエネルギーのおよそ5分の1を使い尽くす。

＊本文での **a fifth**、**a tenth** とは、**全身で消費するエネルギーの「5分の1」、「10分の1」を脳で消費する**という意味です。

＊absorbは「吸収する」の意味ですが、本文では**「脳」が主語で「エネルギー」が目的語**なので、**「使い尽くす」**と訳します。

テーマ07 ①の重要語彙リスト

grammar	名 文法
determine	動 判断する
utterance	名 発話
caloric value	名 カロリー値
absorb	動 使い尽くす
roughly	副 およそ
consume	動 消費する
mammal	名 哺乳類

テーマ 07 因果構文がわかれば難しい英文が読める②

確認問題 11

次の英文の意味を考えなさい。

Speaking of cultural differences leads us to stereotype and therefore put individuals in boxes with 'general features'.

（法政大）

　Speakingが動名詞で、differencesまでの名詞句を作り、文のSです。lead O to doは直訳すると「Oに〜させる」ですが、通常は 無生物主語 **lead O to do**となって因果関係を作るので、「**Sが原因でOは〜する**」と訳します。

ポイント⑭ 無生物主語 lead O to do

　無生物主語 **lead O to do**は因果関係を作るので、「**Sが原因で、Oは〜する**」と訳します。本問に当てはめると、「**文化的相違について話すことが原因で、私たちは固定観念を抱いて〜**」と訳します。allow O to doのようなプラスの結果をもたらすものは「**おかげで**」、マイナスの結果をもたらすものは「**せいで**」と訳しましょう。ここでは**固定観念や偏見を抱く**というマイナスの結果をもたらすので、「**せいで**」と訳します。

　andは lead O to doのdoにあたる stereotype と put を接続しています。ここまでを 英文図解 で確認します。

英文図解

〈Speaking of cultural differences〉 leads us to stereotype and
　　　▲　　　　　　　　　　　　　　S　　　V　　O　to do
　　動名詞　　　　　　　　　　　　　　　　　　　　　　　stereotypeとputの接続　▲

therefore put individuals in boxes with 'general features'.

文化的相違について話すせいで、私たちは固定観念を抱いて、それゆ
え個人を「一般的な特徴」という箱の中に入れてしまう。

応 用 問 題 11

次の英文の意味を考えなさい。

*This leads many people to assume that the topics studied
by sociologists and the explanations sociologists produce
are really just common sense: what 'everyone knows'.

（滋賀大）

＊This は「これ」と訳して良い。（社会学がほとんどの人がすでに知ってい
ることを研究する学問であることを指す。）

無生物主語 **lead O to do** が使われているので**因果関係**を意識して、「**S
が原因でOは〜する**」と訳します。**assume**は「想定する」よりも「**思い
込む**」という意味を覚えておきましょう。that からassumeの大きな目的語
のカタマリが始まります。**studied**は後ろにbyがあることからも**過去分詞
の後置修飾**です。studied by sociologists が形容詞のカタマリとなって the
topicsを修飾します。

　続いて、the explanations sociologists produce が**名詞SVの語順**なので、
関係詞の省略と特定します。sociologists produce が形容詞のカタマリで、
the explanationsを修飾します。and が the topics 〜と the explanations
…を接続して、このカタマリが that 節内のSになっています。ここまでを
英文図解 で確認します。

英文図解

<u>This leads many people to assume that the topics studied by</u>
　S　　V　　　　O　　　　to do　　名詞節のthat　　　過去分詞の後置修飾

<u>sociologists and the explanations sociologists produce are</u>
　the topics 〜と the explanations 〜の接続　関係詞の省略

<u>really just common sense: what 'everyone knows'.</u>

和訳 このせいで、多くの人は社会学者の研究するテーマや社会学者の行う説明が、いかにも常識、すなわち「みんなが知っていること」だと思い込んでしまう。

ポイント ⑮ 因果構文①（SVO to do）

テーマ07①、②で 無生物主語 allow O to do、 無生物主語 lead O to do の因果関係を作る文を紹介しましたが、これらは**因果構文**と呼ばれることがあります。**SVO to doの型を取るもの**で、**因果関係**を作る表現をまとめます。

因果構文 (SVO to do)	意味
無生物主語 **cause** O to do	Sが原因でOが〜する
無生物主語 **lead** O to do	Sが原因でOが〜する
無生物主語 **allow** O to do	SのおかげでOが〜できる
無生物主語 **enable** O to do	SのおかげでOが〜できる
無生物主語 **help** O to do	SのおかげでOが〜できる

cause O to do と **lead O to do** は近い表現で、どちらも**マイナスの結果を引き起こす**ことがあるので、「**Sのせいで**」と意訳することがよくあります。**allow O to do** は **enable O to do**、**help O to do** と近い表現で、**プラスの結果を引き起こす**ことが多いので「**Sのおかげで**」と意訳することが多くなります。

テーマ 07 ②の重要語彙リスト

stereotype	動	固定観念を抱く
individual	名	個人
general	形	一般的な
feature	名	特徴
assume	動	思い込む
topic	名	主題
sociologist	名	社会学者
common sense	名	常識

テーマ 07 因果構文がわかれば難しい英文が読める③

確 認 問 題 12

次の英文の意味を考えなさい。

Banding together in social groups resulted in its own set of problems, including competition with others for limited resources, both food and prospective mates.　　（大阪府立大）

　　Bandingが動名詞で、**groups**までの名詞句を作り、**文のS**になります。**band together**「団結する」という意味です。**result in**は「〜を引き起こす」が直訳ですが、これは**S**と**O**に**因果関係**を作ることができます。**a set of**で「一連の〜」の意味なので、**its own set of problems**は「それ自体が持つ一連の問題」とします。

　　続いて、**including**は「〜を含んで」という意味の前置詞です。元は分詞構文でしたが、慣例的に使われるようになって、前置詞と認識されるようになりました。副詞句を作り、**具体例**を表します。本問でも、**its own set of problems**の具体例として、**competition**があげられています。**limited resources**「限られた資源」の後ろのカンマは、**both food and prospective mates**「食料と将来の配偶者」とイコールの関係なので**同格のカンマ**「**すなわち**」になります。ここまでを 英文図解 で確認します。

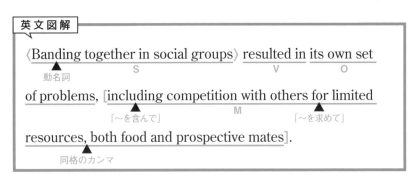

英文図解

〈Banding together in social groups〉 resulted in its own set
　　　動名詞　　　　　　　　　　　　　　S　　　　　　　　　V　　　　　　O

of problems, [including competition with others for limited
　　　　　　　　「〜を含んで」　　　　　　　　　M　　　　　　「〜を求めて」

resources, both food and prospective mates].
　　　　同格のカンマ

| 和訳 | 社会集団で集まることで、食料や将来の配偶者といった限られた資源を求めて他人と競い合うといった、それ自体が持つ一連の問題が生まれた。 |

応 用 問 題 12

次の英文の意味を考えなさい。

This increase in private investment will result in a large increase in the number of skilled workers that will be required, as well as the development of new areas of research.

（北海道大）

This increase in private investmentは、直訳すると「個人投資のこの増加」ですが、**名詞構文**を使って、きれいな日本語を作ります。**increaseをV'** とすると、**in**は前後を**S'** と**V'** でつなげる**主格**なので、「〜が」と訳します。「**このように個人投資が増えること**」と訳します。**主格のin**をしっかりとおさえておきましょう。

続いて、will result in が文のVになります。 確認問題 で学んだように、**因果構文**の一種なので、原因と結果を意識して訳します。目的語の**a large increase in the number of 〜**は、直訳すると「〜の数の大幅な増加」ですが、ここも**名詞構文**を使います。**increaseをV'** として、**the number**が**S'** です。**large**も副詞に読みかえて「**大幅に**」として、「**〜の数が大幅に増加する**」とします。**This increase in private investment will result in a large increase in 〜**を、名詞構文と因果構文を駆使することで、「**このように個人の投資が増えることで、〜が大幅に増加するだろう**」ときれいな訳が完成します。

２行目のthatは**関係代名詞**でrequiredまでの**形容詞節**を作り、skilled workersを修飾します。**B as well as A**「**AだけでなくBも**」のBにthe number of 〜、Aにthe development of 〜が対応しています。ここまでを 英文図解 で確認します。

This increase (in private investment) will result in a large

S（主格のin「〜が」）　　M　　V　　O

increase (in the number of skilled workers that will be

主格のin「〜が」　　　　　　　M　　　　　関係代名詞のthat

required, as well as the development of new areas of

B as well as A「Aだけでなく Bも」

research).

和訳 このように個人の投資が増えることで、新しい研究分野の開発だけで
なく、必要とされる熟練した労働者の数が大幅に増えるだろう。

ポイント ⓰ 因果構文②（原因→結果）

ポイント⓯でSVO to doの因果構文を紹介しましたが、今回は**動詞1語**
や 動詞＋前置詞 の**因果構文**を紹介します。**cause**を筆頭に、本問で登場した
result inや**lead to, bring about, contribute to**と、すべて**SとOに因果
関係**を作ります。「**Sが原因でO（という結果）になる**」という訳を覚えて
おきましょう。その他にも、**be responsible for**「〜に責任がある」も**因
果関係**を作ることがあります。

因果構文（動詞1語 or 動詞＋前置詞）	意味
cause	
result in	
lead to	
bring about	Sが原因でO（という結果）になる
contribute to	
be responsible for	

例 文 青色の表現の役割を意識して、次の文の意味を考えなさい。
Our fossil-fuel-dependent agriculture and food system
is responsible for more greenhouse gas emissions
than any other sector of the American economy except
energy.

（兵庫県立大）

青字の表現の**be responsible for**は、**人が主語の場合**は「**〜に責任が
ある**」でいいですが、例文のように**無生物主語の場合**は、**因果構文**を作
ることがあります。**SV** 比較級 **than any other** 単数名詞 「**Sは他のどの
名詞よりもVする**」という**最上級相当表現**もチェックしましょう。 例文 の
英文図解 です。

英文図解

Our fossil-fuel-dependent agriculture and food system
　　　　　　　　S　　　　　▲
　　　　　　　　agriculture と food system の接続

is responsible for more greenhouse gas emissions [than any
　　　V　　　　　　　　　　O　　　　　　　　　　　M

other sector of the American economy except energy].
　　　　　　　　　　　　　　▲
　　　　　　　　　　　　「〜を除いて」

和訳 私たちの化石燃料依存型の農業や食料システムが、エネルギーを除い
　　たアメリカ経済の他のどの部門より、多くの温室効果ガスを排出する
　　原因となっている。

テーマ **07** ③ **の重要語彙リスト**

band together	熟	団結する
including	前	〜を含んで
competition	名	競争
resource	名	資源
prospective	形	将来の
mate	名	パートナー
investment	名	投資
agriculture	名	農業
greenhouse gas	名	温室効果ガス
emission	名	放出

テーマ 07 因果構文がわかれば難しい英文が読める④

確認問題 13

> 次の英文の意味を考えなさい。
> Short exposures to nature can make us less aggressive, more creative, more civic-minded and healthier overall.
>
> （新潟大）

Short exposures「短時間の露出」がSで、to natureが前置詞句でexposuresを修飾します。名詞構文で読みかえて、exposuresをV'、Shortを副詞のShortly、natureをO'とすると、**「短時間自然にさらされること」**、すなわち**「短時間自然に触れること」**ときれいな日本語が完成します。

続いて、make us less aggressiveはmake O C「OをCにする」が使われています。文のSがexposuresで**無生物主語**なので、**make O C**が続くと、**因果関係**を作ります。

🔵ポイント⑰ 無生物主語 make O C

> **例文** 次の空所に適切な語を補いなさい。
> What made you so angry?
> = (　　　) did you get so angry?

make O C「OをCにする」は、**無生物主語**を取ると因果関係を作るので、**「Sが原因でOはCになる」**と訳します。**例文**でも、**What**が無生物主語なので「何が原因で、あなたはそんなに怒っていたの？」＝「なぜあなたはそんなに怒っていたの？」となるので、**Why**が空所に入ります。

確認問題に戻ると、**無生物主語** **make O C**「Sが原因でOはCになる」を意識して、**「自然に短時間でも触れることで、私たちはより攻撃性がなくなり、〜」**とします。

less aggressive, more creative, more civic-minded, healthier を and が接続して、すべて make O C の C です。ここまでを 英文図解 で整理します。

英文図解

Short exposures (to nature) can make us less aggressive,
　　　　S　　　　　　　 M　　　　　 V　　　　 O　　　 C

more creative, more civic-minded and healthier overall.
　　 C　　　　　　　　 C　　　　　　　　　　　　 C　　　　 M
　　　　　　　　　　　　　　　▲
　　　　　　　　　　　　4つのCの接続

和訳 短時間でも自然に触れることで、私たちは全般的により攻撃性がなくなり、より創造的になり、より公共心をいだいて、健康になることができる。

応 用 問 題 13

次の英文の意味を考えなさい。

What we hold to be true is constantly open to being tested,
which makes the truths that pass the test more reliable.

(東北大)

関係代名詞の**What**から意味のカタマリが始まり、**is**の手前までの名詞節を作って、**文のS**になります。**hold O to be C**「**OがCだと思う**」から、**What we hold to be true**「**私たちが真実だと思うもの**」となります。**is constantly open to being tested**は直訳だと「**たえず試されることに開けている**」から、「**たえず試され続けている**」と意訳します。

カンマwhichは「そしてそれは」が直訳ですが、自然な日本語になるように調整します。thatが**関係代名詞**で、that pass the testの**形容詞節**を作り、the truthsを修飾します。the truthsがO、reliableがCで、make O Cになります。カンマwhichの先行詞は、カンマの手前の文全体を指すので、which以下の文は 無生物主語 **make O C**と特定できます。

因果関係を意識して訳出すると、「**その検証を通過する真実がより信頼できる**」と**プラスの結果**をもたらすので、「**Sのおかげで**」と訳しましょう。ここまでを 英文図解 で確認します。

〈What we hold to be true〉 is constantly open [to being
       ▲ S   V   C   M
関係代名詞の what

tested], which makes the truths (that pass the test) more
             V   O   ▲   M   C
                                      関係代名詞の that

reliable.

和訳 私たちが真実だと思うものが、たえず試され続けているおかげで、その検証を通過した真実がより信頼できるものとなる。

＊ the test は **being tested** をうけているので、「**真実の検証**」を意味することに注意しましょう。

テーマ 07 ④の重要語彙リスト

exposure	名 さらされること
aggressive	形 攻撃的な
civic-minded	形 公共心のある
overall	副 全般的に
hold O to be C	熟 O が C だと思う
constantly	副 たえず
test	名 検証　動 試す
pass	動 通過する
reliable	形 信頼できる

因果構文がわかれば難しい英文が読める⑤

確認問題 14

次の英文の意味を考えなさい。

The disappearance of the large blue butterfly in the late 1970s was originally attributed to insect collectors.　（上智大）

The disappearance of the large blue butterflyを名詞構文で読みかえると、**disappearanceがV'**、**ofが主格のof**、**the ～ butterflyがS'**となります。すると、「**その大型の青い蝶が消えたこと**」と自然な訳になります。

続いて、**was originally attributed to**は、**be attributed to**が中心の表現です。元々**attribute A to B**「**AをBのせいにする**」です。受動態にすると、A be attributed to Bですが、これを日本語訳で考えると「AはBのせいにさせられる」とおかしな訳になってしまいます。元の日本語訳の「AをBのせいにする」を見てみると、Aが結果でBが原因であるとわかります。すると、**A be attributed to B**は「**A（という結果）はBが原因だ**」となります。

ポイント⑱ 因果構文③（結果←原因）

今までは、Sが原因でOが結果の**因果構文**を扱ってきました。今回は**Sが結果でOが原因の因果構文**を紹介します。

因果構文（Sが結果、Oが原因）	意味
be attributed to	S（という結果）はOが原因だ
come from ／ result from ／ stem from ／ arise from	

本問で扱った**be attributed to**以外に、**come from, result from, stem from, arise from**などがあります。ここまでを　英文図解　で整理します。

The disappearance (of the large blue butterfly in the late
S　　　　　　　　　▲　　　　　　　　　　　　M
　　　　　　　　　　主格の of

1970s) was originally attributed to insect collectors.
　　　　　V　　　　　　　　　　　　　　　O

和訳 1970年代後半に、その大型の青い蝶が消えたのは、元々は昆虫の採集家が原因だった。

応 用 問 題 14

次の英文の意味を考えなさい。

Some historians who have closely studied Japanese stomach troubles believe that the worsening of the problem can be attributed to home cooking, or rather to the pace at which that cooking is consumed.

（東京工業大）

whoから関係代名詞のカタマリが始まり、2個目のVである believe の手前までの**形容詞節**を作り、**Some historians** を修飾します。Some historians がSで、believe がVです。**that** から名詞節が始まり、**believe の大きなO**になります。

that 節の中身は、**the worsening of the problem** を名詞構文で読みかえて、worsening をV'、of を主格、the problem をS'として、「**その問題が悪化したこと**」とします。can **be attributed to** で因果構文を作れるので、「**～が原因の可能性がある**」とします。**or rather** は「**というよりむしろ**」で、be attributed to の to 以下を接続しています。at which から**形容詞節**が始まり、the pace を修飾します。ここまでを 英文図解 で確認します。

Some historians (who have closely studied Japanese stomach
　　　　　　S　　　　　関係代名詞　　　　　　　　　　　　M

troubles) believe ⟨that the worsening of the problem can be
　　　　　　V　　　　名詞節のthat　　　　　O　　　　主格のof

attributed to home cooking, or rather to the pace at which
　　　　　　　　　　to home cooking と to the pace の接続　　at which から形容詞節

that cooking is consumed⟩.

和訳 日本人の胃のトラブルを詳しく研究してきた歴史家の中には、その問題が悪化したのは、家庭料理というよりむしろその料理を食べるペースが原因の可能性がある、と信じる者もいる。

テーマ 07 ⑤の重要語彙リスト

disappearance	名 消えること
butterfly	名 蝶
late	形 後半の
originally	副 元々
be attributed to	熟 ～が原因だ
insect	名 昆虫
collector	名 採集家
historian	名 歴史家
closely	副 詳しく
stomach	名 胃
worsen	動 悪化する
home cooking	名 家庭料理
consume	動 消費する

第2章　構文編

テーマ 08 分詞構文がわかれば難しい英文が読める①

確 認 問 題 15

次の英文の意味を考えなさい。

Association football, commonly known as football or soccer,
is a sport played between two teams of eleven players with a
spherical ball.

（芝浦工業大）

　前作では主に、文頭や文尾に現れる分詞構文を扱いましたが、本作では**文の真ん中に現れる分詞構文**を扱います。**S, doing (done) 〜, V.** で、「**Sは〜して、Vする**」と訳しましょう。本問でも、Association football がSで、カンマが置かれて、commonly という副詞の後ろに過去分詞の known があります。再びカンマが置かれて、is というVがあるので、分詞構文と特定します。

ポイント⑲ 文の真ん中に来る分詞構文

例文

① Walking down the street, I met an old friend.
訳　通りを歩いていると、昔の友人に出会った。
② I entered the room, switching on the light.
訳　私は部屋に入って、電気をつけた。
③ Our airplane, leaving at nine, arrives in Tokyo at eleven.
訳　私たちの飛行機は 9 時に出発して、11 時に東京に到着する。

　上の例文はすべて分詞構文になります。分詞構文は、基本は文頭か文尾に置かれて、①のように **Doing (Done) 〜, SV.** か、②のように **SV, doing (done) 〜.** となります。例外的に**文の真ん中に置かれる**と、③のような形になります。以下のパターンに当てはまったら、**文の真ん中の分詞構文と特定**しましょう。訳は、頭から順に訳していきます。

> ● 文の真ん中に来る分詞構文
> S, doing(done) ～, V.「Sは～して、Vする」

確認問題 に戻ります。Association football「サッカー」とは、American football「アメフト」と区別する際に使う表現です。元々イギリスでは様々な football があり、いちはやく、association「協会」を設けて組織的に運営したものが、現代の「サッカー」にあたることから、association football で「サッカー」を意味するようになりました。

続いて、is の後ろの a sport が C で、**過去分詞の played** が ball までの**形容詞句**を作り、a sport を修飾します。**with a spherical ball の with は道具の with** で「**球状のボールを使って**」となります。ここまでを 英文図解 で確認します。

英文図解

Association football, [commonly known as football or soccer],
　　　　S　　　　　　　　　　　　分詞構文　　　　M

is a sport (played between two teams of eleven players with a
V　C　　　過去分詞の名詞修飾　　　　　　　M　　　　道具の with「～を使って」

spherical ball).

和訳 アソシエーションフットボールは、一般的にフットボールやサッカーとして知られており、球状のボールを使って、11人の選手から成る2チームでプレーするスポーツだ。

次の英文の意味を考えなさい。

The rest of the class, impressed that this principle was being put forth as the result of a scientific study and not just as a myth or rumor, nodded in agreement.

（岩手大）

The rest of ～「～の残り」という表現です。カンマを置いて、impressed が過去分詞で、rumor までの副詞句を作り、nodded がV なので、**S, done ～, V. と真ん中に来る分詞構文の型に当てはまります**。よって分詞構文と特定します。

that は**接続詞**で **impressed の目的語**を作ります。**was being put forth** で**過去進行形と受動態が合わさった形**なので、「**公表されている最中である**」とします。**as the result of a scientific study and not just as a myth or rumor** は、**B and not A**「**B であって A ではない**」と理解します。nodded がV で、**in agreement** は「**同意して**」の意味です。ここまでを 英文図解 で確認します。

英文図解

The rest (of the class), [impressed that this principle was
 S   M   ▲   M ▲
                          分詞構文「～して」   impressed の目的語を作る

being put forth as the result of a scientific study and not just

as a myth or rumor], nodded [in agreement].
                      V   M

和訳 クラスの残り全員が、この原則が単なる作り話やうわさとしてではなくて、科学的研究の結果として公表されている最中であることに感銘を受けて、同意してうなずいていた。

＊**myth** には「**神話**」という意味がありますが、「**作り話**」という意味でもよく使われるので、注意しましょう。

テーマ08 ①の重要語彙リスト

commonly	副 一般的に
be known as	熟 〜として知られている
spherical	形 球状の
the rest of 〜	熟 〜の残り
be impressed that	熟 〜に感銘を受ける
principle	名 原理
put forth	熟 公表する
myth	名 作り話、神話
rumor	名 噂話
nod	動 うなずく
in agreement	熟 同意して

テーマ 08 分詞構文がわかれば難しい英文が読める②

次の英文の意味を考えなさい。

He invited me to become a member, and I accepted with enthusiasm, eager to make the acquaintance of the others.

（明治学院大）

分詞構文には、①**文頭**、②**文尾**、③**文の真ん中**の3パターンがあると学びました。さらに、分詞構文の応用の知識を紹介します。

ポイント⑳ being省略の分詞構文

① 形容詞 ～, SV.　　「～してSがVする」
② S, 形容詞 ～, V.　「Sは～して、Vする」
③ SV, 形容詞 ～.　　「Sが～してVする」

　doingの箇所にbe動詞が使われると、**分詞構文のbeingは多くの場合省略される**ので、結果として**形容詞が現れる**ことがあります。①なら 形容詞 ～, SV. ②ならS, 形容詞 ～, V. ③ならSV, 形容詞 ～.の型をおさえておいて、これに当てはまったら、**分詞構文**と判断できるようにしましょう。

　確認問題 に戻ると、He invited …, and I accepted ―, **eager** ～.と、**SV,** 形容詞 ～.と上記の型に当てはまるので、**分詞構文**と特定します。eagerの前にbeingが省略されているので、**be eager to do**「～したいと強く思う」と理解します。ちなみに、**invite O to do**「Oに～するように勧める」が使われているので、注意しましょう。ここまでを 英文図解 で確認します。

英文図解

He invited me to become a member, and I accepted [with
S　　V　　O　to do　　　　　　　　　　　　S　　V　　　M

enthusiasm], [eager to make the acquaintance of the others].
　　　　　　　　　　　　　　　　　　　　　　M
　　　　▲
　　being省略の分詞構文

和訳 彼は私に会員になるように勧めたので、私は熱意をもって、すなわち
他のメンバーと仲良くなりたいと強く願って、承諾した。

応 用 問 題 16

次の英文の意味を考えなさい。

Comfortable and engaged, I felt rewarded for the hard
work I had put in to conquer a problem that had seemed
overwhelming after the first work.
（学習院大）

Comfortableは形容詞で、engagedは過去分詞ですが、**分詞は形容詞に
相当する語句**とみなすことができます。すると、後ろにカンマ、I feltのSV
が続き、 🅰️ ポイント⑳ の①の型に当てはまるので、**分詞構文と特定**します。

I felt rewardedでSVCの第2文型になります。feel CのCにrewardedが
入るので、「**報われたように感じた**」とします。the hard work I had putで
名詞SVの語順から、**関係詞の省略**と特定します。2つ目のIから意味のカ
タマリが始まり、最後のworkまでの形容詞節を作り、先行詞のthe hard
workを修飾します。

to conquerは**不定詞の副詞的用法「〜するために」**です。thatから関係
代名詞が始まり、workまでの形容詞節を作り、先行詞のa problemを修飾
します。seem C「Cに思える」のCにoverwhelmingが使われているので、
「**圧倒的に思える**」とします。ここまでを 英文図解 で確認します。

[Comfortable and engaged], I felt rewarded [for the hard
　　　　　　　　　　　　　M　　　　　S　V　　C　　　　　M
being省略の分詞構文
work I had put in to conquer a problem that had seemed
　　　関係詞の省略　　不定詞副詞的用法　　　　関係代名詞のthat
overwhelming after the first work].

和訳 心地よく没頭していたので、最初の仕事の後に、圧倒的でどうしよう
もなく思えた問題を克服するために自分が注いだがんばりが、報われ
たように感じた。

＊ **comfortable**は、**家具や衣類を修飾**すると「**快適な**」の意味にもなりま
すが、**人を主語**にとると「**心地よく**」と訳します。

＊ **overwhelming**は「**圧倒的な**」の意味ですが、説明を加えて「**圧倒的で
どうしようもなく**」と具体化します。

テーマ08 ②の重要語彙リスト

invite O to do	熟 O に〜するように勧める
enthusiasm	名 熱意
be eager to do	熟 〜したいと強く思う
acquaintance	名 知り合い
comfortable	形 快適な、心地よい
be engaged (in)	熟 〜に没頭する
reward	動 報いを与える
put in	熟 注ぐ
conquer	動 克服する
overwhelming	形 圧倒的な

第 **3** 章

倒置 編 ①

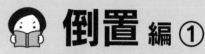
＊倒置には、**強制倒置**と**文型倒置**と言われるものがあります。強制倒置は後
ろが疑問文の語順になるもの。文型倒置は、第1文型の倒置で**MVS**、第
2文型の倒置で**CVS**があります。本書では第3章で強制倒置、第4章で
文型倒置と2つに分けて学習することで、倒置を得意分野にしましょう。

テーマ 09 強制倒置がわかれば難しい英文が読める①

確認問題 17

次の英文の意味を考えなさい。

Never before have so many people packed into cities that are regularly affected by earthquakes.

（名城大）

　本問では、have so many people packed と疑問文の語順になる**強制倒置**と言われるルールが使われています。

ポイント㉑ 強制倒置

> **never, only, little** に代表される否定の副詞が文頭に出ると、後ろが疑問文の語順になる。

　本問でも Never が文頭に出て、before を挟んで、**have so many people packed** と疑問文の語順になっています。never の後ろに前置詞句や副詞を挟んで、後ろに倒置が起きることが多いのを覚えておきましょう。**pack into** で「～に押し寄せる」です。that から関係代名詞節で、先行詞の cities を修飾します。ここまでを 英文図解 で確認します。

英文図解

Never before have so many people packed [into cities that are
　否定の副詞　　　　　　疑問文の語順　　　　　　　　　　　　M
　　　　　　　　　　　　　　　　　　　　　　　　　関係代名詞の that
regularly affected by earthquakes].

和訳 そんなに多くの人が、地震の影響を定期的に受ける都市に押し寄せたことは、以前は一度もない。

応用問題 17

次の英文の意味を考えなさい。

Never before have I been so aware of, and annoyed by, the
passage of mere seconds.

（大阪府立大）

本問でも、**Never が文頭**に出て、before を挟んで、have I been と疑問文
の語順になっています。

　続いて、and が aware of と annoyed by を接続しているので、それぞれの
目的語が the passage とわかります。**the passage of mere seconds** は**名
詞構文**で読みかえて、**passage が V'**、**of が主格**で、**mere seconds を S'** と
します。「**ほんの数秒が経過していたこと**」ときれいな日本語が完成します。
ここまでを 英文図解 で確認します。

英文図解

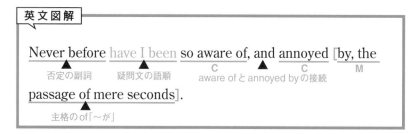

Never before have I been so aware of, and annoyed [by, the
　　　　　否定の副詞　　疑問文の語順　　　　　　C　　　　　C　　　M
　　　　　　　　　　　　　　　　　aware of と annoyed by の接続

passage of mere seconds].
　　　主格の of「〜が」

和訳 ほんの数秒が経過したことを、そんなに意識していらいらしたこと
は、以前に一度もなかった。

テーマ 09 ①の重要語彙リスト

pack into	熟	押し寄せる
regularly	副	定期的に
earthquake	名	地震
be aware of	熟	〜を意識している
be annoyed	熟	いらいらする
passage	名	経過
second	名	秒

テーマ 09 強制倒置がわかれば難しい英文が読める②

確認問題 18

次の英文の意味を考えなさい。

Only later did he learn that the river was only waist deep and could have been crossed without danger at any point.

（成蹊大）

Only が文頭に出て、later を挟んで、**did he learn と疑問文の語順**になっています。that は learn の大きな目的語となる名詞節を作っています。only は later や yesterday のような時の副詞とセットで使うと、「〜**になってようやく**」という意味になるので覚えておきましょう。

ポイント㉒ 時の副詞とセットで使う only

例文 青色の表現を意識して、次の文の意味を考えなさい。
Only yesterday did he explain why he did it.

Only が文頭に出て、yesterday を挟んで、**did he explain と疑問文の語順**になっています。**Only yesterday「昨日になってようやく」**と only + 時の副詞 を意識して訳出しましょう。

確認問題 に戻ると、and は was 〜 deep と could have been 〜を接続しており、両方とも S が the river です。**at any point** は、肯定文の any「どの〜でも」に気を付けて、「**どの地点でも**」と訳しましょう。ここまでを英文図解 で確認します。

Only later <u>did he learn</u> ⟨that the river was only waist deep and

否定の副詞　　　疑問文の語順　名詞節のthat　was〜deepとcould have been〜を接続

could have been crossed without danger at any point⟩.

和訳 後になってようやく、彼はその川は腰の深さしかなく、どの地点でも
危険なしに渡れるとわかった。

応 用 問 題 18

次の英文の意味を考えなさい。

Only when you can instantly recall what you understand,
and practice using your remembered understanding, do you
achieve.

(お茶の水女子大)

Only が文頭に出て、**when** から意味のカタマリが始まります。続いて、
what you understand「あなたが理解していること」という名詞節を作
り、recall の目的語になっています。and は recall 〜と practice 〜の接続で
す。**practice doing**「〜することを練習する」の意味です。**when** から始
まった副詞節の終わりに、目印となるカンマが置かれて、**do you achieve**
と疑問文の語順になっています。**achieve** は自動詞で使われると「目標を達
成する」の意味になります。ここまでを 英文図解 で確認します。

英文図解

Only [when you can instantly recall what you understand, and

否定の副詞　　　　　　　　　 M 　　　　　　　　　関係代名詞のwhat　recall〜とpractice〜の
　　　　　　　　　　　　　　　　　　　　　　　　　　　　　　　　　　　　　　接続

practice using your remembered understanding], <u>do you</u>

疑問文の語順

<u>achieve</u>.

和訳 あなたが自分の理解していることをすぐに思い出し、その記憶した理
解を使う練習ができて、ようやく目標を達成する。

テーマ09 ②の重要語彙リスト

only + 時の副詞	副 ～になってようやく
waist	名 腰
cross	動 横断する
instantly	副 すぐに
recall	動 思い出す
practice	動 練習する
achieve	動 （目標を）達成する

テーマ 09 強制倒置がわかれば難しい英文が読める③

確認問題 19

次の英文の意味を考えなさい。

Not only is it important for children to learn when and where they were born, it also helps develop confidence and pride.

（岩手大）

only が文頭に出てくると倒置が起きると学びましたが、**not only** が文頭に出ても倒置が起きます。本問でも **Not only** が文頭に出て、後ろが **is it important** と疑問文の語順になっています。**not only A but also B**「**AだけではなくBも**」のbutがカンマになっていると理解しましょう。**it** は形式主語で、to以下を指します。**for children** は不定詞のSなので、「**子供たちが**」とします。**to learn** から不定詞の名詞的用法で「**～すること**」です。

when と **where** は疑問詞で名詞節を作り、「**いつ、どこで～か**」とします。カンマのあとのitは「**子供たちが、自分がいつどこで生まれたかを学ぶこと**」を指します。**help do**「**～するのに役立つ**」が使われているのも、おさえておきましょう。ここまでを 英文図解 で確認します。

英文図解

Not only is it important for children ⟨to learn when and where
　否定の副詞　　疑問文の語順　　不定詞のS　不定詞の名詞的用法　疑問詞の名詞節

they were born⟩, it also helps develop confidence and pride.
　　　　　　　　　　M　　　　　V　　　　　　　O
childrenを指す　for～bornを指す　help do「～するのに役立つ」

和訳 子供たちが、自分がいつどこで生まれたかを知ることは重要であるだけではなく、自信やプライドを育むことにも役立つ。

＊**learn** は「**学ぶ**」の意味ですが、本文のように疑問詞の**名詞節**や**that節**を目的語にとって「**知る**」と訳すこともあります。

次の英文の意味を考えなさい。

Studies like *this show that not only is regret an important consequence of many decisions, but that the prospect of regret is an important cause of many decisions. （愛知教育大）

＊this は「これ」と訳して良い。（後悔をしたくないことが人が何らかの決定をする要因であることを検証する実験を指す）

like this「このような」が**前置詞のカタマリ**で、Studies を修飾します。show が V で、that から名詞節を作り、show の目的語になります。**ポイント⑩** で扱ったように**無生物主語が第3文型で使われている**ので、受動態にして訳します。「**このような研究によると、〜とわかっている**」と訳しましょう。

that 節の中身は、**not only が文頭**に出るので、後ろが**is regret an important consequence** と疑問文の語順になっています。**not only A but also B を予測**して、also が欠落して but that 〜となっているとわかります。but は show の目的語を接続しています。ここまでを 英文図解 で確認します。

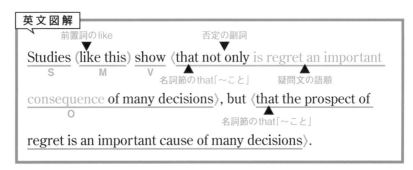

英文図解

　　　　　前置詞の like　　　　　　　否定の副詞

Studies (like this) show 〈that not only is regret an important
　　S　　　　M　　　　V　　　　　　　　↑　　　　　　　　　　　↑
　　　　　　　　　　　　　　　　　名詞節の that「〜こと」　疑問文の語順

consequence of many decisions〉, but 〈that the prospect of
　　　　　　O　　　　　　　　　　　　　　　　　↑
　　　　　　　　　　　　　　　　　　　　名詞節の that「〜こと」

regret is an important cause of many decisions〉.

和訳 このような研究によると、後悔は多くの決定の重要な結果であるだけではなく、後悔するかもしれないという予想も、多くの決定の重要な要因とわかっている。

🙂 テーマ09 ③の重要語彙リスト

help do	動 ～するのに役立つ
confidence	名 自信
pride	名 プライド
regret	名 後悔
consequence	名 結果
decision	名 決定
prospect	名 可能性
cause	名 要因

09 強制倒置がわかれば難しい英文が読める④

確認問題 20

次の英文の意味を考えなさい。

Hardly had we reached the cottage when it began to rain.

（慶応大）

Hardlyは「ほとんど～ない」という意味の**否定の副詞**なので、**文頭に出**ると、後ろが had we reached と**疑問文の語順**になります。**hardly A when B**で**「AするとすぐにB」**という重要熟語です。

ポイント㉓ 「AするとすぐにB」

① **hardly A when (before) B**
② **scarcely A before (when) B**
③ **no sooner A than B**

hardly A when B以外にも、**scarcely A before B, no sooner A than B**も「**AするとすぐにB**」の意味になるので、注意しましょう。**scarcely**、**no sooner**ともに否定の副詞なので、文頭に出ると後ろは**疑問文の語順**になります。

確認問題 と同様に、**Aには過去完了形**、**Bには過去形**が来ることが多くなります。ここまでを 英文図解 で確認します。

英文図解

Hardly had we reached the cottage [when it began to rain].
否定の副詞　疑問文の語順　　　　　O　　　hardly A when B　　M

和訳 私たちが小屋に着くとすぐに、雨が降り出した。

応 用 問 題 20

次の英文の意味を考えなさい。

Even a so-called war zone is not necessarily a dangerous place: seldom is a war as comprehensive as the majority of reports suggest.

（東京大）

so-calledは「**いわゆる**」の意味で、マイナスのニュアンスをよく伴います。**not necessarily**は「**必ずしも〜なわけではない**」という**部分否定**なので、注意しましょう。

ポイント 24 部分否定

not necessarily ／ not always ／ not all ／ not every

部分否定は例外を作る表現で、**not ＋ 100% word**で作ることに注意しましょう。左から順に、**not necessarily**「**必ずしも〜なわけではない**」、**not always**「**いつも〜なわけではない**」、**not all**「**すべてが〜なわけではない**」、**not every**「**すべてが〜なわけではない**」です。「**〜なわけではない**」という日本語が特徴的なので、覚えておきましょう。

応用問題 に戻ると、２行目の**seldom**「**めったに〜ない**」という否定の副詞が文頭に出るので、後ろが**is a war 〜 comprehensive**の**VSC**という疑問文の語順になっています。**as comprehensive as 〜**は「**〜と同じくらい広範囲な**」となります。seldomと合わせると、「**〜ほど広範囲にはめったにならない**」とします。

Even a so-called war zone is not necessarily a dangerous
　　　　　　S　　　　　　　V　　M　　　　▲　　　　　　　C
　　　　　　　　　　　　　　　　　　　　「必ずしも〜なわけではない」

place: seldom is a war as comprehensive [as the majority of
　　　　　　　　▲　　　　　▲
　　　　　　　否定の副詞　疑問文の語順　　　　　　as 〜 as …「…と同じくらい〜」

reports suggest].

和訳 いわゆる戦闘地域でさえ、必ずしも危険な場所なわけではない。戦争
は、報告の大多数が示すほど広範囲には、めったにならないのだ。

テーマ09 ④の重要語彙リスト

hardly A when B	熟 A するとすぐに B
cottage	名 小屋
even	副 〜でさえ
so-called	形 いわゆる
not necessarily	熟 必ずしも〜なわけではない
seldom	副 めったに〜ない
comprehensive	形 広範囲な
majority	名 大多数

norとsoの後ろの倒置が わかれば難しい英文が読める

確 認 問 題 21

次の英文の意味を考えなさい。

Never once did I hear him use his position or title to advance his own interests, nor did he ever boast of his personal achievements.

（日本医科大）

Neverが文頭に出たので、onceを挟んで、**did I hear**と疑問文の語順になります。hear him useとhearの第5文型が使われています。**to advance**は不定詞の副詞的用法「〜するために」と理解します。カンマの後ろで、**nor**が文頭にあるので、後ろが**did he ever boast**と疑問文の語順になります。**〜, nor ….**は否定文を受けて、「〜ではない、また…ではない」の意味で、…が疑問文の語順になります。

ポイント㉕ norとsoの後ろの倒置

例文 青色の表現を意識して、次の文の意味を考えなさい。
① She didn't like the idea, nor did I.
② My father is a doctor and so am I.

例文にある通り、norの後ろやsoの後ろでも倒置が起きることがあります。省略を補うと、①の文はnor did I **like the idea**だったのが、すでに出てきた表現なので太字部分は省略されて、nor did Iとなります。②のsoは、**〜, so ….**「〜だ、また…だ」と**肯定文を受けて**使用します。**…に倒置が**起きます。②の文は、省略を補うと、so am I **a doctor**となります。

和訳 ①彼女はその考えが気に入らなかったし、私も気に入らなかった。
②私の父は医者で、私も医者だ。

確認問題に戻ると、カンマの後ろにnorが置かれて、後ろが**did he ever boast**と**疑問文の語順**になります。ここまでを英文図解で確認します。

英文図解

Never once did I hear him use his position or title [to advance
否定の副詞　疑問文の語順　O　　C　　　　　　　不定詞 副詞的用法「〜するために」

his own interests], nor did he ever boast of his personal
　　M　　　　　　　疑問文の語順　　　　　　　O

achievements.

和訳　私は、かつて一度も、彼が自分の利益を増やすために、地位や肩書を
使ったのを聞いたことがないし、彼は今まで個人的な成果を自慢した
こともなかった。

応 用 問 題 21

次の英文の意味を考えなさい。

If asked about sustainable food systems, most people think
about the environment, climate and social responsibility.
These pillars are key to sustainability, so is the economics of
food.

（同志社大）

文頭の**If**は本来**従属接続詞**なので、**If S'V', SV.** と**If**の後ろに**S'V'の文構造**が続かなければいけません。**従属接続詞の後ろのS'V'を省略できる**のは、通常**S'は主節と同じS、V'がbe動詞の場合**です。本問では、**If**の後ろに**主節のS**の**most people**の代名詞である**they**とbe動詞の**are**が省略されている**と考えましょう。2行目の**and**は、**the environment, climate, social responsibility**の接続です。

第2文の**These pillars**「これらの柱（中心）」は、**the environment, climate, social responsibility**を指します。**key**は「重要なこと」の意味です。**so**の後ろで倒置が起きており、省略を補うと**so is the economics of food key to sustainability**になります。ここまでを英文図解で確認します。

[If asked about sustainable food systems], most people think
▲ M   S   V
they areの省略（theyは most people を指す）

about the environment, climate and social responsibility.
O   ▲
                     the environment, climate, social responsibility の接続

These pillars are key to sustainability, so is the economics of
S   V   C   M   ▲
                                              疑問文の語順

food.

和訳 もし持続可能な食糧システムについて問われると、ほとんどの人が環境、気候、そして社会的責任について考える。これらの柱が、持続可能性には重要で、食糧の経済的側面も重要だ。

テーマ10 の重要語彙リスト

position	名 地位
title	名 肩書
advance	動 増進させる
interest	名 利益
boast of	熟 自慢する
personal	形 個人的な
achievement	名 成果
sustainable	形 持続可能な
responsibility	名 責任
pillar	名 柱
key to	熟 ～に重要な
economics	名 経済学、経済的側面

第3章 倒置編 ①

if節の倒置がわかれば難しい英文が読める①

次の英文の意味を考えなさい。

Dutch dairy exports might be even larger were it not for the fact that the Dutch eat so much dairy themselves. （同志社大）

Dutchは「**オランダの**」という意味です。語感から、一瞬「ドイツの」と思う人もいるかもしれません。実はもともとオランダはドイツの一部で、ドイツから独立してから、Dutchが「オランダの」という意味になりました。**dairy**「**乳製品**」は**daily**「**毎日の**」としっかり区別しましょう。次に**even**は比較級**larger**の強調で「**さらに**」の意味です。

were it not forは、元々**if it were not for**「**〜がなければ**」のifが省略されて倒置が起きた形です。このwere it not forが本問のように文の後ろに置かれると、節の識別が難しくなります。**if節の倒置は、were, had, should**が頭に出てくるので、この３つの単語を基準に意味のカタマリを特定しましょう。本問では、wereからif節が始まります。次に**同格のthat**が使われていて、**the fact that 〜**「**〜という事実**」です。**the Dutch**で「**オランダ人**」の意味になります。**the ＋** 形容詞 「**〜な人々**」というルールです。

---

① **the young**「若者」⇔ **the old**「高齢者」
② **the rich**「お金持ち」⇔ **the poor**「貧しい人」
③ **the British**「イギリス人」／ **the Japanese**「日本人」

---

the ＋ 形容詞 が「**〜な人々**」になるのは、 形容詞 の後ろに**people**が省略されているからです。①、②の**the young**「若者」、**the old**「高齢者」、**the rich**「お金持ち」、**the poor**「貧しい人」はいいでしょう。実は、**the British、the Japanese**と**the**の後ろに国の形容詞を置いて「**〜人**」とする表現も、この**the ＋** 形容詞 の一種になります。ここまでを 英文図解 で確認します。

比較級の強調「さらに」

Dutch dairy exports might be even larger [were it not for the

S　　　　　　　　V　　　　　　　C

「～がなければ」

fact that the Dutch eat so much dairy themselves].

同格のthat　　　　　　　　　　　　　　　M

和訳 オランダ人が自らそんなに多くの乳製品を食べるという事実がなければ、オランダの乳製品の輸出はさらに多いかもしれない。

応用問題22

次の英文の意味を考えなさい。

The president argued that some lands owned by the government would be managed more effectively were they to be transferred to private companies.

（中央大）

　The president「議長」がSで、argued がV、**that** が名詞節の**that**で、argued の大きな O を作っています。president は「大統領」の意味で使う場合は **p を通常大文字**にして、**the President** とするので覚えておきましょう。**argue** は「議論する」の意味では自動詞が多く、議論の相手を目的語に取ると **argue with**、議論の内容を目的語に取ると **argue about** のように使います。本問のように **argue that** とすると「～と主張する」という意味で使うので、覚えておきましょう。

　that 節の中身は、**owned** が過去分詞で government までの形容詞句を作り、some lands を修飾します。**助動詞の過去形would** から仮定法の文と**気付く**と、後ろの were they to be ～が、**仮定法if節の倒置**で、元々**if they were to be transferred to** ～だったとわかります。**if節で使うwere to** は、通常の現在や過去の仮定ではなくて、「**これから先の仮定**」を表すときに使います。

private companiesは、先にthe government「政府」が出てきているので、対照的に「**民間企業**」と訳しましょう。ここまでを 英文図解 で確認します。

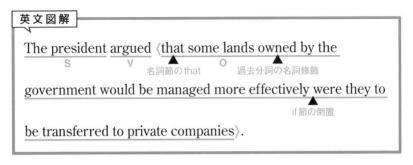

英文図解

The president argued ⟨that some lands owned by the
S　　　　V　　O
名詞節のthat　　　過去分詞の名詞修飾

government would be managed more effectively were they to
if節の倒置

be transferred to private companies⟩.

和訳 議長は、もし仮に、民間企業に政府が所有する一部の土地が渡れば、もっと効果的に管理するだろうと主張した。

テーマ11 ① の重要語彙リスト

Dutch	形	オランダの
dairy	名	乳製品
export	名	輸出
if it were not for	熟	〜がなければ
president	名	議長、社長、大統領
argue that	動	〜と主張する
government	名	政府
manage	動	管理する
effectively	副	効果的に
transfer A to B	熟	A を B に移す
private company	名	民間企業

確 認 問 題 23

次の英文の意味を考えなさい。

Both male and female players received a brain assessment before the season began, and will undergo follow-up examinations should they experience a head injury. （早稲田大）

Both male and female players がSで、received がV、a brain assessment がOになります。before から副詞節が始まり began までの意味のカタマリを作り、V の received を修飾します。2行目の**and は received と will undergo を接続**します。「**過去に～して、これから～するだろう**」という時制の推移に注意しましょう。

続いて、**should they experience ～は if節の倒置**で、元々 **if they should experience ～**でした。if節中の should は、仮定法でも直説法でも使うことがあり、**話者や書き手が起きる可能性が低いと思う場合**に使います。「**万が一～なら**」と訳しましょう。ここまでを 英文図解 で確認します。

> **英文図解**
>
> Both male and female players received a brain assessment
> 　　　　　　　S　　　　　　　　　　 V　　　　　 O
>
> [before the season began], and will undergo follow-up
> 　　　　　　M　　　　　　　　　　　▲　　　 V　　　　 O
> 　　　　　　　　　　　received～と wil undergo～の接続
>
> examinations [should they experience a head injury].
> 　　　　　　　　　　　▲　　　　　▲　　　　　　　　 M
> 　　　　　　if節の倒置　Both male and female players を指す

和訳 男性と女性のプレイヤーともに、シーズンが始まる前に脳の検査を受けて、万が一頭に損傷を受けるなら、さらに検査を受けることになるだろう。

応 用 問 題 23

次の英文の意味を考えなさい。

Organizers wouldn't be held liable should anything go wrong with food taken from the fridge.　　　　（日本女子大）

Organizers「主催者」がSで、**wouldn't be held**がVです。**hold O C**「**O を C と思う**」の受動態で、Cに**liable**「**法的責任がある**」が使われていることから、**wouldn't be held liable**「**法的責任があるとは思われないだろう**」となります。

続いて、**should**からif節の倒置が起きた表現が始まり、元々は**if anything should go wrong with ～**です。**Something goes wrong with ～.**「**～にはどこかおかしいところがある**」の意味から、「**万が一～におかしいところがあっても**」とします。過去分詞の**taken**が**fridge**までの形容詞句を作り、**food**を修飾します。**fridge**は元々**refrigerator**「冷蔵庫」だったものを略したものです。**influenza**を**flu**と略するのと同じようなものだとおさえておきましょう。ここまでを 英文図解 で確認します。

英文図解

Organizers wouldn't be held liable [should anything go wrong
　　S　　　　　　V　　　　　C　　　▲　　　　　　　　　　M
　　　　　　　　　　　　　　　　　　if節の倒置

with food taken from the fridge].
　　　　　　　▲
　　　　過去分詞の名詞修飾

和訳 万が一、冷蔵庫から取り出した食料に何かおかしいところがあっても、主催者は法的責任があるとは思われないだろう。

テーマ11 ②の重要語彙リスト

receive	動	受ける
assessment	名	検査
undergo	動	経験する
follow-up	形	追加の
injury	名	ケガ
organizer	名	主催者
liable	形	法的責任のある
Something goes wrong with ～.	熟	～にはどこかおかしなところがある。
fridge	名	冷蔵庫

テーマ 12 as以下の倒置がわかれば難しい英文が読める

確認問題 24

次の英文の意味を考えなさい。

The first objects that can reliably be called art date from this era, as does the first clear evidence for religion, commerce and social order.

（熊本大）

　関係代名詞の**that**から意味のカタマリが始まり、2個目のVの**date**の手前までの形容詞節を作り、先行詞の**The first objects**を修飾します。The first objectsがS、**date from**「〜にさかのぼる」がVです。asの後ろで、**does the first clear evidence**と**倒置**が起きています。文末にdate from this eraが省略されています。asは**様態のas**「〜ように」になります。

🍡ポイント 26　thanの後ろの倒置

例文　青色の表現を意識して、次の文の意味を考えなさい。
Japanese children have a higher literacy rate than do those living here.

　asの後ろだけではなく、thanの後ろもよく倒置が起きます。例文では、thoseはchildrenの代名詞で、**those living here**「ここで暮らしている子供たち」となります。thanの後ろで倒置が起きて、文末に**have a literacy rate**が省略されています。

和訳　日本の子供たちは、ここで暮らしている子供たちより識字率が高い。

確認問題 を 英文図解 で確認します。

> **英文図解**
>
> The first objects (that can reliably be called art) date [from this
> 　　　S　　　　　　　　　　　　　　　　　　　　　　　　　M　　　　　　　　　　V　　　　M
> 　　　　　　　　　関係代名詞の that
>
> era], [as does the first clear evidence for religion, commerce
> 　　　　様態の as　　倒置　date from this era が省略
> 　　　　　　　　　　　　　　　　　　　　　　　　M
>
> and social order].
> religion, commerce, social order の接続

和訳 宗教、商売、社会秩序の最初の明らかな形跡と同様に、芸術と確かに
呼ぶことのできる最初のものは、この時代にさかのぼる。

応用問題 24

次の英文の意味を考えなさい。

Learning is a phenomenon that can be observed across the
animal kingdom. Complex creatures such as humans can do
it, as can insects such as honey bees and ants.　　　（大分大）

　Learning is a phenomenon で SVC なので、第2文型の文です。**that が関
係代名詞**で、kingdom までの**形容詞節**を作り、a phenomenon を修飾しま
す。第2文では、**B such as A**「**A のような B**」の形が使われており、これ
に当てはめると、**Complex creatures such as humans**「**人間のような
複雑な生き物**」となります。カンマの後ろの **can insects** で倒置が起きてい
ます。V は、カンマの前と同じく do it ですが、文末に省略されています。
do it は Learning を指します。insects such as honey bees and ants で、改
めて **B such as A**「**A のような B**」が使われていることに注意しましょう。
ここまでを 英文図解 で確認します。

Learning is a phenomenon (that can be observed across the
S   V   C   関係代名詞の that   M

animal kingdom). Complex creatures (such as humans) can
                  様態の as   B such as A S   B such as A   M   V

do it, [as can insects such as honey bees and ants.]
O   M   do it の省略

和訳 学習行為は、動物界で観察できる現象だ。人間のような複雑な生き物
は、ミツバチやアリのような昆虫と同様に、学習行為が可能だ。

テーマ12 の重要語彙リスト

object	名 もの
reliably	副 確かな筋から
date from	熟 ～にさかのぼる
era	名 時代
evidence	名 証拠
religion	名 宗教
commerce	名 商業
order	名 秩序
phenomenon	名 現象
kingdom	名 王国、～界
creature	名 生き物

テーマ 13 As〜, so….がわかれば難しい英文が読める

確認問題 25

次の英文の意味を考えなさい。

As competition between products grows, so does doubt over their effectiveness.

（中央大）

asとsoが合わさってできた**As 〜, so ….**という表現があります。Asの意味は**様態・比例**などの可能性があり、それぞれ「**ちょうど〜ように、…**」、あるいは「**〜するにつれて、…**」の意味があります。**soの後ろの…の部分で倒置が起きる**ことがあるので、注意しましょう。

本問でも、**As 〜, so ….**「**〜するにつれて、…だ**」が使われています。**grow**や**become**などの変化を表す動詞が使われると、比例の**as**の可能性が高くなります。**between products**「**商品間の**」が**前置詞句**で、**competition**を修飾します。**so**の後ろは**does doubt**と倒置が起きており、文末にすでに出てきた grow が省略されています。**over their effectiveness**が前置詞句で**doubt**を修飾します。ここまでを 英文図解 で確認します。

英文図解

[As competition between products grows], so does doubt (over
　▲　　　　　　　　　　　　　　　　M　　　　　　　　V　　S
比例のas

their effectiveness).
　　M　　　　　▲
　　　　　grow の省略

和訳 商品間の競争が増えるにつれて、その効果への疑念も増える。

次の英文の意味を考えなさい。

Just as different languages often serve a unifying and separating function for their speakers, so do speech characteristics within languages.

（京都大）

Just as ～, so ….「**ちょうど～ように、…だ**」が使われています。As ～, so ….のAsにjustがついた表現ですが、**just がつくと、様態の意味**を表すことが多くなります。soの後ろで**do speech characteristics**と倒置が起きています。文末に、すでに出てきた**serve a unifying and separating function ～ speakers** が省略されています。ここまでを 英文図解 で確認します。

英文図解

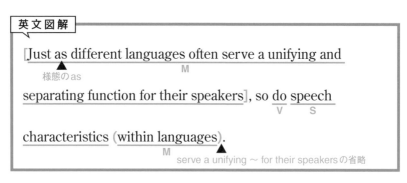

[Just as different languages often serve a unifying and
　　　▲　　　　　　　　　　　　　　M
様態の as

separating function for their speakers], so do speech
　　　　　　　　　　　　　　　　　　　V　 S

characteristics (within languages).
　　　　　　　　　M　　　　　　　　▲
　　　　　　　　serve a unifying ～ for their speakers の省略

和訳 ちょうど様々な言語が、それを話す人を統合したり、分離させたりする機能を果たすことが多いように、言語内での話し方の特徴も同様の機能を果たす。

テーマ⑬の重要語彙リスト

As ～, so ….	熟 ～につれて…。／ちょうど～ように、…。
competition	名 競争
product	名 商品
doubt	名 疑念
effectiveness	名 効果
serve	動 果たす
unifying	形 統一する
separating	形 分離する
function	名 機能
characteristics	名 特徴

第 **4** 章

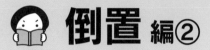
倒置 編②

＊第3章では、疑問文の語順になる**強制倒置**を紹介しました。第4章では、**文型倒置**という型が決まっているものを紹介します。強制倒置と対照的に任意倒置と言われることもありますが、イメージしやすいので文型倒置と本書では呼びます。**第1文型（SVM）の倒置であるMVS、第2文型（SVC）の倒置であるCVS**です。第3文型以降は、**目的語が動く移動**と言われる現象です。それ以外に、**VとOの間に修飾語が入り込むSVMO**も紹介します。

14 文型倒置がわかれば難しい英文が読める①

確認問題 26

次の英文の意味を考えなさい。

At the center of psychological research was an attempt to solve a deceptively simple puzzle: what makes life worth living when we are old?

（慶応大）

前置詞の**At**から意味のカタマリが始まります。**前置詞句の中にはSVが入らないこと**を根拠に、**At**から**was**の手前までが前置詞句で**M**と特定します。**was**が**V**で、**an attempt**が**S**になります。**第1文型（SVM）の倒置である MVS**になります。

続いて、**to solve** が不定詞の形容詞的用法です。**an attempt to solve ～**「～を解決しようとする試み」になります。コロンは**a deceptively simple puzzle**「人を惑わせる単純な謎」を後ろで具体化します。**what makes life worth living when ～?**は、無生物主語 make O Cと因果構文を作るので、「～なときに何によって人生が生きる価値のあるものになるか」とします。ここまでを 英文図解 で確認します。

英文図解

[At the center of psychological research] was an attempt
　　　　　　　　M　　　　　　　　　　　　V　　　S

(to solve a deceptively simple puzzle: what makes life worth
　▲　　　　　　　　　　　　　　M　　　　　　　　　▲
　不定詞 形容詞的用法　　　　　　　　　無生物主語 make O C

living when we are old?)

和訳 心理学の研究の中心には、年老いたとき、何によって人生が生きる価値のあるものになるかという、人を惑わせる単純な謎を解決しようとする試みがあった。

応 用 問 題 26

次の英文の意味を考えなさい。

At the heart of this combination of research findings lies a surprisingly simple, yet vitally important phenomenon — cooperation.

（東北大）

前置詞の At から意味のカタマリが始まります。**前置詞句の中には SV が入らないこと**を根拠に、**At から lies の手前までが前置詞句で M** と特定します。**lies が V** です。**yet は逆接の接続詞**で、**surprisingly simple**「驚くほど単純な」と **vitally important**「極めて重要な」を接続し、全体で、**phenomenon**「現象」を修飾します。a surprisingly 〜 phenomenon が S で、MVS になります。ダッシュは同格を表すので、a surprisingly 〜 phenomenon = cooperation を意味します。ここまでを 英文図解 で確認します。

英文図解

[At the heart of this combination of research findings] lies
                        M   V

a surprisingly simple, yet vitally important phenomenon —
            ▲   S   ▲
surprisingly simple と vitally important の接続   同格のダッシュ「すなわち」

cooperation.
  S'

和訳 このように研究結果を組み合わせることの中心には、驚くほど単純だが極めて重要な現象、すなわち協力がある。

テーマ14 ①の重要語彙リスト

psychological	形 心理学の
attempt	名 試み
deceptively	副 惑わせるほど
puzzle	名 謎
combination	名 組合せ
cooperation	名 協力

14 文型倒置がわかれば難しい英文が読める②

確認問題 27

次の英文の意味を考えなさい。

Research indicates that children as young as two collaborate in joint activities and have a firm grasp of a simple concept of fairness. Less clear is the age at which children understand and value the notions of joint commitment and obligation involved in cooperative endeavors.

（名古屋大）

　Research indicates が SV で、that は名詞節の that で、fairness までの意味のカタマリを作り、文の O になっています。that 節の中身は、**children as young as two** が、形容詞の **young** が **as 〜 as** を伴って **children** を後置修飾した表現です。「2歳と同じくらい幼い子供たち」＝「2歳程度の子供たち」となります。**collaborate in joint activities** で「共同作業で協力する」となります。

　and は collaborate 〜 activities と have 〜 fairness を接続します。**have a firm grasp of a simple concept** は、名詞構文で読みかえます。**grasp を V'、of を目的格、a simple concept を O' ととらえ、firm は副詞の firmly** とすると、「公平という単純な概念をしっかりと理解する」ときれいな日本語が完成します。**concept の後ろの of は同格の of** です。

　第2文は Less clear という形容詞から文が始まります。**形容詞は、名詞を修飾するか C で使う**かのどちらかしかありません。第2文では、Less clear の後ろが is なので、名詞修飾の可能性は消えて、C で使うとわかります。続いて is が V、the age が S の**第2文型（SVC）が倒置した CVS** とわかります。「より明らかでないのは、〜年齢だ」となります。

次に、**at which** から関係詞のカタマリが始まり、**endeavors** までの形容詞節を作って、**the age** を修飾します。**involved** が過去分詞で **endeavors** までの形容詞句を作り、**joint commitment and obligation** を修飾します。ここまでを 英文図解 で確認します。

英文図解

Research indicates 〈that children as young as two collaborate
　　　S　　　　V　　　　　　　that
　　　　　　　　　名詞節の that　　　　目的格の of　　　　　　O

in joint activities and have a firm grasp of a simple concept of
　　collaborate〜activities と have〜fairness の接続　　　　　　　　　同格の of

fairness〉. Less clear is the age 〈at which children understand
　　　　　　　　C　　　　V　　S　　　　　　　　　　M

and value the notions of joint commitment and obligation

involved in cooperative endeavors〉.
　　過去分詞の後置修飾

和訳 研究によると、2歳程度の子供が共同作業で協力して、公平さという単純な概念をしっかりと理解しているとわかっている。より明らかでないのは、子供が、協力行為にかかわる共同作業や義務という概念を理解して重視する年齢だ。

応 用 問 題 27

次の英文の意味を考えなさい。

The less polished pictures are not only welcomed as possessing a special kind of authenticity. Some may compete with the best, so permissive are the standards for a memorable, eloquent picture.

（神戸市外国語大）

第1文は、**The less polished pictures** がS、**are 〜 welcomed** がVです。**not only**「〜だけではない」に注意しましょう。第2文は、**Some** がS、**may compete** がVで、**with the best** がMです。**Some 〜**「〜するものもある」です。

soの後ろの**permissiveは形容詞**で、**名詞修飾ではないので、Cとします**。**are がV、the standards がSの第2文型の倒置CVS**と見抜きます。**for**から前置詞のカタマリが始まり、**picture**までの形容詞句を作って、**the standards を修飾**します。元々はa memorable and eloquent picture で、同じ性質の形容詞が並ぶので、andがカンマに変わった表現です。ここまでを 英文図解 で確認します。

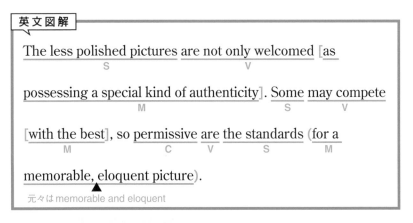

英文図解

The less polished pictures are not only welcomed [as
             S   V

possessing a special kind of authenticity]. Some may compete
                 M   S   V

[with the best], so permissive are the standards (for a
   M   C   V   S   M

memorable, eloquent picture).
元々は memorable and eloquent

和訳 より完成度の低い写真は、特別な真正さがあると歓迎されるだけではない。中には最高の写真とはりあえるものもあるかもしれない。記憶に残り、感銘を与える写真の基準は甘いのだ。

* **polish**は「**磨く**」の意味ですが、**polished**になると「**磨き上げた**」、「**完全な**」という意味になります。
* **authenticity**「**真正さ**」とは、**写真が加工や捏造されていないこと**を意味します。
* **permissive**は「**寛大な**」の意味ですが、**the standards**「**基準**」が主語なので、「**甘い**」と訳します。
* **eloquent**は「**雄弁な**」の意味ですが、**picture**を修飾するので、「**感銘を与える**」の意味で訳します。

👧✨ テーマ14 ②の重要語彙リスト

indicate	動 示す
collaborate	動 協力する
joint	形 共同の
notion	名 概念
commitment	名 取り組み
obligation	名 義務
be involved in	熟 〜にかかわる
endeavor	名 試み
polish	動 磨く
authenticity	名 真正さ
permissive	形 寛大な
eloquent	形 雄弁な、感銘を与える

14 文型倒置がわかれば難しい英文が読める③

次の英文の意味を考えなさい。

Related to the plastic waste problem is one that shocks visitors from countries where food shortages and starvation remain issues: Japan's huge volume of wasted food. （慶応大）

Related toから、**be related to**「〜に関係している」を想定します。本問では、Related to 〜 problemの後ろにisがあります。isの後ろにoneがあって、**thatは関係代名詞**で意味のカタマリが始まり、**形容詞節を作ってoneを修飾**します。元々の文を想定すると、One that 〜 is related to the plastic waste problem.とわかります。ひとまずここまでを 英文図解① でまとめます。

英文図解① （元の文）

One (that 〜) is related [to the plastic waste problem].
　S　　M　　　V　　C　　　　　　　M

文の要素の観点で、本問の大枠を 英文図解② で確認します。

英文図解② （文の骨格）

Related [to the plastic waste problem] is one (that 〜).
　C　　　　　　M　　　　　　　　　V　S　　M

第2文型の倒置の一種で、CVSのCとVの間に、修飾語（M）が入り込む**CMVS**になります。訳は、「**プラスチックゴミ問題に関係しているのは、〜なものだ**」とします。**oneは代名詞**で、**problemの代わり**をしています。

that節の中身を見ていくと、**whereが関係副詞**で、**countriesを修飾**します。whereからの節では、**remain C**「Cのままだ」の第2文型が使われています。

コロンは、oneの具体化で「**日本の大量の食品廃棄という問題**」となります。ここまでを 英文図解③ で確認します。

英文図解③

problemを指す
Related [to the plastic waste problem] is one (that shocks
　C　　　　　　　　　　M　　　　　　　　V　S　関係代名詞　　　M

visitors from countries where food shortages and starvation
　　　　　　　　　　　　　関係副詞

remain issues): Japan's huge volume of wasted food.
　　　　　　　　　　　　　　　　　　　S'

和訳 プラスチックゴミ問題に関係しているのは、食糧不足や飢餓（きが）が依然として問題である国からの訪問者に、ショックを与える日本の大量の食糧廃棄問題だ。

応 用 問 題 28

次の英文の意味を考えなさい。

Not far from the historic buildings is an ancient church that has barely changed for centuries and is surrounded by long grass.

（関西外国語大）

far は副詞なので、**M** と特定します。**from** から前置詞のカタマリで、**is** の手前の **buildings** までが **M** です。**is が V**、**an ancient church が S** です。**第1文型の倒置の MVS の変形パターンである MMVS** とわかります。元の文から想定して、 英文図解①、② で文の骨格を確認します。

英文図解①（元の文）

An ancient church is not far [from the historic buildings].
　　　　S　　　　　　V　M　　　　　　M

文の要素の観点で、本問の大枠を 英文図解② で確認します。

Not far [from the historic buildings] is an ancient church ~ .
　　M　　　　　　　　M　　　　　　　　　V　　　　S

　文の骨格を和訳すると、「**その歴史的建築物から遠くないところに、古め
かしい教会がある**」となります。

　続いて、churchの後ろの**thatは関係代名詞**で、grassまでの**形容詞節**を
作って、an ancient churchを修飾します。that節の中身は、**barely**「**ほと
んど～ない**」に注意して、**andはhas ～ centuriesとis surrounded ～
grassの接続**です。ここまでを 英文図解③ で確認します。

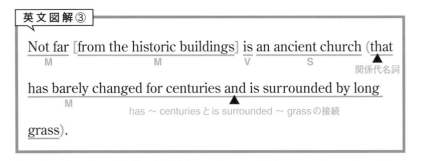

英文図解③

Not far [from the historic buildings] is an ancient church (that
　　M　　　　　　　　M　　　　　　　　　V　　　　S　　　　　関係代名詞

has barely changed for centuries and is surrounded by long
　　M　　　　　　　has ～ centuries と is surrounded ～ grass の接続

grass).

和訳 その歴史的建築物から遠くないところに、何世紀もほとんど変わって
　　　おらず、長い草に囲まれた古めかしい教会がある。

テーマ14 ③の重要語彙リスト

be related to	熟 ～に関係している
waste	名 ごみ
shortage	名 不足
starvation	名 飢餓
historic	形 歴史的な
ancient	形 古代の
barely	副 ほとんど～ない
grass	名 草

移動がわかれば難しい英文が読める①

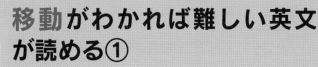

確認問題 29

次の英文の意味を考えなさい。

Whether there is enough food left for the rest of us I am not
sure at this moment.

（上智大）

Whetherから意味のカタマリが始まります。**is**が**Whether**節の**V**、**enough food**が**S**になります。**enough food**と**left**が**SV**の関係にあるので、「十分な食料が残されている」とします。**for the rest of us**「私たちの残りのために」という前置詞句です。次の**I am not sure**で新たな**SV**が始まりますが、**am sure**の**O**がありません。

Oには名詞しかなれないので、名詞に相当する表現を探すと、**Whether ~ us**を名詞節ととらえて、**am sure**の**O**ととらえるしかありません。第3文型（**SVO**）の**O**が前に回った**OSV**という文型です。これは、**SV**が逆転するわけではないので倒置とは言わずに、（目的語の）**移動**と言います。

ポイント 27 移動

① 第3文型（SVO）の移動 → OSV
② 第4文型（SVO₁O₂）の移動 → O₂SVO₁
③ 第5文型（SVOC）の移動 → OSVC ／ SVCO

厳密には、目的語が移動する現象は、第3文型、第4文型、第5文型とありますが、ほとんどが**第3文型と第5文型**になります。第5文型の中でも、**SVCO**がよく見られる移動です。ここまでを 英文図解 で確認します。

〈Whether there is enough food left for the rest of us〉 I am not

名詞節のwhether「～かどうか」　　　　　　　　　　　O　　　　　　　　　S　　V

sure [at this moment].

M

和訳 十分な食料が私たちの残りの全員に残されているかどうかが、私には今はわからない。

応 用 問 題 29

次の英文の意味を考えなさい。

When I was a child, I was allowed to look inside a small film projector. I saw these little still images passing through the machine slowly. "Pieces of time," that's how a famous actor defined movies. That wonder I felt when I saw these little figures move.

(学習院大)

　第1文は、allow O to doの受動態である**be allowed to do**「～することが許される」だけおさえればいいでしょう。**a small film projector**「小さな映写機（映画投影機）」の意味です。第2文は、**seeの第5文型see O C**が使われています。Oがthese little still imagesで、Cがpassing through～です。第3文の**Pieces of time**は「時間の断片」と訳しましょう。**that's how ～.**「そのようにして～」です。

　最終文は、That wonder I feltで**名詞SVの語順**なので、一見すると**関係詞の省略**と思いますが、**この解釈では文のSVがなくなってしまいます**。予測を修正して、That wonder「その驚き」をO、I feltをSVとして、**第3文型の移動OSV**ととらえます。whenから副詞節が始まって、moveまでの意味のカタマリを作りVのfeltを修飾します。ここまでを 英文図解 で確認します。

[When I was a child], I was allowed to look inside a small film
   M   S V to do

projector. I saw these little still images passing through the
   S V   O   C

machine slowly. "Pieces of time," that's ⟨how a famous actor
       S'   S V ▲   C
            関係副詞の how

defined movies⟩. That wonder I felt [when I saw these little
        O S V   M

figures move].

和訳 子供のころ、小さな映写機の中を見ることが許された。この小さな静止画が、機械の中をゆっくりと動いているのが見えた。「時間の断片」、そうある有名な俳優が映画を評した。その驚きを私が感じたのは、これらの小さな画像が動くのを見たときだ。

テーマ15 ①の重要語彙リスト

at this moment	熟 今
projector	名 投影機
still image	名 静止画
pass through	熟 通り過ぎる
piece	名 断片
That is how ~.	熟 そのようにして~。
define	動 定義する
wonder	名 驚き
figure	名 画像

第4章

倒置編②

15 移動がわかれば難しい英文が読める②

次の英文の意味を考えなさい。

Iran's supreme leader made clear that Mr. Trump's decision was, in his view, further proof that the United States could never be trusted to keep its word.

（上智大）

Iran's supreme leader「イランの最高指導者」がSで、**madeがV**であることは確定です。**clearは形容詞**なので、名詞を修飾するかCになるかですが、修飾する名詞はないので、**Cと特定**します。通常makeはよくmake O Cで使うので、Oを探すと、clearの後ろのthat節がOにあたると特定できます。**第5文型のOが後ろに移動したSVCO**と特定できます。

that節の中身は、**Mr. Trump's decisionがS**で、**wasがV**、**further proofがC**になります。proofの後ろのthatは**同格のthat**で、**proofとはV'O'の関係**になります。**名詞構文**で理解して、「**that以下ということをさらに証明するものだった**」としましょう。**to keepはtrust O to doの受動態be trusted to do**です。**keep one's word**「約束を守る」という熟語に注意しましょう。ここまでを　英文図解　で確認します。

英文図解

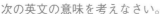

Iran's supreme leader made clear 〈that Mr. Trump's decision
　　　　S　　　　　　　V　　C　　名詞節のthat　　　　O

was, in his view, further proof that the United States could
　　　　　　　　　　　　　　　　　同格のthat

never be trusted to keep its word〉.
　　　　trust O to doのto do

> 和訳 イランの最高指導者は、トランプ大統領の決断が、彼の考えでは、アメリカが約束を守るという点で、決して信頼がおけないことをさらに示すものだと明らかにした。

応用問題 30

次の英文の意味を考えなさい。

If I realize that I am unsympathetic to an author's viewpoint, I suspend judgment about the text's meaning until I have made certain that I truly understand what the author is saying.

(大阪府立大)

Ifから意味のカタマリが始まり、**viewpoint**までの副詞節を作り、文のVである**suspend**を修飾します。If節の中身は、**that**が名詞節の**that**で、**viewpoint**までの意味のカタマリを作り、**realize**のOになっています。

I suspend judgmentが文のSVOで、**until**から**saying**までが副詞節を作り、**suspend**を修飾します。untilから始まる節の中身は、I have madeがSVです。certainは形容詞なので、**名詞修飾かCになるか**ですが、修飾する名詞がないので、**Cと特定**します。make O Cを想定すると、**that節がOのSVCO**とわかります。thatが名詞節のthatで、sayingまでの意味のカタマリを作り、make C OのOです。that節の中身は、**what が関係代名詞**で、**what the author is saying**「作者が言おうとしていること」が名詞節で、understandのOになっています。ここまでを 英文図解 で確認します。

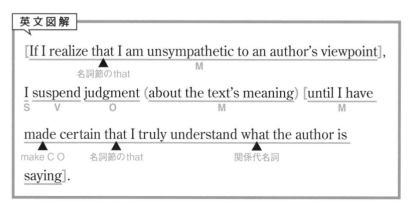

英文図解

[If I realize that I am unsympathetic to an author's viewpoint],
　　　　　名詞節のthat　　　　　　　　　　　　M

I suspend judgment (about the text's meaning) [until I have
S　　V　　　　O　　　　　　　　　　M　　　　　　　　M

made certain that I truly understand what the author is
make C O　　名詞節のthat　　　　　　　　関係代名詞

saying].

和訳 もし私が、作者の観点に共感できないと気付いたら、作者が言おうと
していることを本当に理解していることが確実になるまで、その文章
の意味に関する判断を保留する。

テーマ15 ②の重要語彙リスト

supreme	形 最高の
in one's view	熟 〜の考えでは
further	形 さらなる
proof	名 証拠
keep one's word	熟 約束を守る
unsympathetic	形 共感しない
viewpoint	名 観点
suspend	動 保留する

テーマ 16 SVMOがわかれば難しい英文が読める

確認問題 31

次の英文の意味を考えなさい。

Babies and children learn from their parents' faces what is in their parents' minds and they adjust their own inner mental lives accordingly.

（お茶の水女子大）

Babies and children がS、learn がVです。**from ～ faces** までが**from**の前置詞句で**M**です。次に**関係代名詞のwhat**に気付きます。and they adjust と文構造が続くので、**what**から始まる節は**minds**までと予測します。**what is in their parents' minds** は、「その親の頭の中にあるもの」＝「その親が考えていること」と意訳します。

learnは他動詞なので**O**を探すと、**what ～ minds** までを**O**と特定します。「赤ん坊や子供は、親の顔から、その親が考えていることを学ぶ」と文脈も通るので、正しい解釈とわかります。ここまでの大枠を **英文図解①** で整理します。

英文図解①

$\underline{\text{Babies and children}}_{\text{S}} \underline{\text{learn}}_{\text{V}}$ $\underline{\text{[from their parents' faces]}}_{\text{M}} \langle \text{what is}$
▲
関係代名詞

$\underline{\text{in their parents' minds}}_{\text{O}} \rangle$ and ～ .

第３文型のＶとＯの間に修飾語のＭが入り込んだ**SVMO**と特定できます。

第
4
章

倒
置
編
②

🐼 ポイント 28 SVMO

　SVMOは第3文型の変形ですが、難関大ではよく出題されます。SVMOに気付くコツは、**Vが他動詞なのでその目的語を探す**発想になります。仮に本問のように、修飾語のMで邪魔されても、しっかりとその後ろの名詞に当たるOを発見できるでしょう。

　確認問題 に戻ると、and以降は、theyがBabies and childrenを受ける代名詞で、adjustがV、their own inner mental livesがOの第3文型になります。残りの文を 英文図解② で確認します。

英文図解②

Babies and children を指す
▼
they adjust their own inner mental lives accordingly.
　S　　V　　　　　　O　　　　　　　　　　M

　和訳 赤ん坊や子供は、親の顔から、その親が考えていることを学び、それに従って、自分の内面の精神世界を調整する。

応 用 問 題 31

次の英文の意味を考えなさい。

While we potentially have the means to control our bodies more than ever, we are also living in an age which has thrown into radical doubt our knowledge of the consequences of this control.

（中央大）

　Whileから**副詞節**が始まり、everまでの意味のカタマリを作り、**文のVであるare also livingを修飾**します。Whileの副詞節の中身は、**means**が名詞で「**手段**」の意味です。**to control**が不定詞の形容詞的用法でmeansを修飾します。**more than ever**「**ますます**」の意味です。

　続いて、**we**がS、**are also living**がVです。**in**から**前置詞のカタマリ**が始まります。さらにwhichから**関係代名詞の節**が始まります。whichの節の中は、**has thrown**がV、**into**から**前置詞句**が始まります。doubtが名詞なのでintoの目的語ととらえますが、our knowledgeは2つ目の名詞なので、intoの目的語にはなりません。**has thrownは他動詞なので、our**

knowledge を O と特定します。which を仮に S とすると、**SVMO の文型**になります。which から始まる節の中身に焦点を当てて、英文図解① で整理します。

英文図解①

~ which has thrown [into radical doubt] our knowledge (of
　　　　　　V　　　　　　　M　　　　　　　　　　O

the consequences of this control).
　　　　　　M

全体を 英文図解② で確認します。

英文図解②

[While we potentially have the means to control our bodies
　　　　　　　　　　M　　　　　　　　　▲
　　　　　　　　　　　　　　　　　　不定詞 形容詞的用法

more than ever] , we are also living [in an age which has
　　　▲　　　　　　　S　　　V　　　　　　　　　関係代名詞　　M
　　ますます

thrown into radical doubt our knowledge of the consequences

of this control].

和訳 私たちは、ますます自分の体を管理する手段を手にする可能性があるが、私たちはまた、この管理が持つ影響に関する私たちの知識に、根本的な疑念を投げかける時代に生活している。

テーマ16 の重要語彙リスト

adjust	動 調整する
inner	形 内面の
accordingly	副 それに従って
potentially	副 潜在的に
means	名 手段
more than ever	熟 ますます
radical	形 根本的な
doubt	名 疑念
consequence	名 影響
control	名 支配

第 **5** 章

📖 **分離・挿入** 編

＊分離とは、名詞と不定詞句、名詞と同格節や名詞と関係詞節などが切り離される現象を言います。一方で、挿入とはカンマなどに挟まれて補足説明などが文中に入り込む現象を言います。

17 分離がわかれば難しい英文が読める①

次の英文の意味を考えなさい。

In 2012, an attempt was made to track down that same pool of participants and, of those found, 174 agreed to take part in the continued research.

（東京大）

an attempt が S、**was made** が V であることはすぐにわかるでしょう。**make an attempt**「試みる」という熟語の受動態です。一方で、次の **to track** は不定詞ですが、何的用法でしょうか。一見すると、使役動詞の make O do の受動態である be made to do にもとれなくはありません。しかし、使役動詞の O には通常人が来ることや、make an attempt の受動態であることからも、この予測を修正します。

　make an attempt は、どんな試みをするのかを**不定詞の形容詞的用法**で表すので、**make an attempt to do 〜** とするのが通常になります。そうです、元々は an attempt to do 〜 was made だったのが、an attempt と to do 以下が離れて、was made の後ろに回った形が本問になります。このように、**名詞とその修飾要素が離れる現象を分離**と言います。主に、S の修飾要素が長くなるので、その修飾要素を V の後ろに回すことが分離の狙いとなります。ここまでを 英文図解① で整理します。

英 文 図 解 ① （元 の 文）

made an attempt (to track down 〜).
　　V　　　　　　　　　　　▲　　M
　　　　不定詞 形容詞的用法

受動態になる ＋ 不定詞が分離

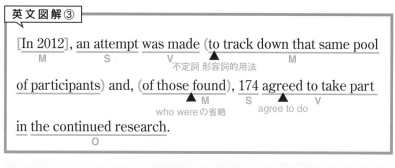

$\underline{\text{an attempt}}_{S} \underline{\text{was made}}_{V} \underbrace{(\text{to track down} \sim)}_{M}.$

不定詞 形容詞的用法

of those foundは、**those**と**found**の間に**who were**が省略されている
と考えましょう。すると「**見つかった人々のうち**」となるので、前述の「**追
跡した調査への参加者**」のことを指すとわかります。174 が and 以降の S
で、agreed が V です。**agree to do**「**〜することに同意する**」をおさえてお
きましょう。ここまでを 英文図解③ で確認します。

英文図解③

[In 2012], an attempt was made (to track down that same pool
of participants) and, (of those found), 174 agreed to take part
who were の省略   agree to do
in the continued research.

和訳 2012年に、同じ調査への参加者を追跡する試みが行われて、見つかっ
た人のうち、174人が継続調査に参加することに同意した。

応用問題 32

次の英文の意味を考えなさい。
Given the fact that there has been little reduction in the
number of children out of school since 2007, a final push
will be needed to ensure that as many children as possible
are in school.

（関西学院大）

Given 〜は厳密にいうと**分詞構文**ですが、**Considering** と同意なので
「**〜を考慮すると**」とします。that は**同格の that** です。**reduction in the
number** を名詞構文で読みかえると、**reduction が V'**、**in が主格**、**the
number が S'** になります。

続いて、**a final push がS、will be needed がV**と容易に特定できますが、**to ensure**は不定詞の何的用法でしょうか。a final push「最後の一押し」を修飾する**形容詞的用法**になります。Sが長くなるので、**不定詞のカタマリだけ分離して、Vの後ろに回ったケース**です。ここまでを 英文図解 で確認します。

英文図解

[Given the fact that there has been little reduction in the
「〜を考慮すると」 　同格の that 　　　　　　　　　　　　M 　　　　　　　　　主格の in

number of children out of school since 2007], a final push will
　　　　　　　　　　　　　　　　　　　　　　　　　　　　　　 S 　　　　　　 V

be needed (to ensure that as many children as possible are in
不定詞 形容詞的用法　名詞節の that 　　　　　　M 　　　　as 〜 as possible「できる限り〜」

school).

和訳 2007年以降学校に通っていない子供の数がほとんど減っていないという事実を考慮すると、できる限り多くの子供が学校に通うことを確実にする最後の一押しが必要とされるだろう。

テーマ 17 ① の重要語彙リスト

attempt	名 試み
track down	熟 追跡する
pool	名 要員
participant	名 参加者
agree to do	熟 〜することに同意する
take part in	熟 〜に参加する
given	前 〜を考慮すると
reduction	名 減少
ensure	動 確実にする
as 〜 as possible	熟 できる限り〜

分離がわかれば難しい英文が読める②

確 認 問 題 33

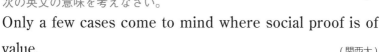

次の英文の意味を考えなさい。

Only a few cases come to mind where social proof is of value.

（関西大）

Only a few「ごくわずかしか〜ない」の意味です。**come to mind**で「頭に浮かぶ」の意味です。**cases**「場面」がSで、**come**がVとわかります。whereの品詞と役割は何でしょうか。**Only a few cases come to mind**で「ごくわずかの場面しか頭に浮かばない」ですが、「ごくわずかの場面」の説明が欠けていることに気付きます。したがって、**where**を関係副詞ととらえて、**where 〜 value**までが形容詞節で、**cases**を修飾します。関係副詞の**where**が、**case**を先行詞にとれることも、この**分離**に気付く1つの根拠になります。ここまでを 英文図解①・② で整理します。

> **英文図解① （元の文）**
>
> Only a few cases (where 〜 value) come [to mind].
>   S　　　　　　　　　▲　　　　　　V　　　M
>   　　　　　　　　関係副詞

cases と where が分離

> **英文図解② （文の骨格）**
>
> Only a few cases come [to mind] (where 〜 value).
>   S　　　　　　V　　　M　　　　▲　　　　　M
>   　　　　　　　　　　　　　関係副詞

関係副詞のwhereの中身は、**of value**が1語で**valuable**「価値がある」とおさえておけばいいでしょう。**of +** 抽象名詞 **=** 形容詞 のルールです。

和訳 社会的証明が価値を持つ場面は、ごくわずかしか頭に浮かばない。

応 用 問 題 33

次の英文の意味を考えなさい。

For social movements to arise, certain political, economic, or other problems must first exist that prompt people to be dissatisfied enough to begin and join a social movement.

（法政大）

For social movementsは、後ろに**to arise**と不定詞があるので、不定詞の**S**と特定できます。**to arise**は、**V**の must first exist を修飾する**副詞的用法**になります。「**社会運動が起こるには、〜**」と訳しましょう。

続いて、**or**が**political, economic**と**other**を接続して、**certain political, economic, or other problems**「**ある政治的、経済的、あるいは他の問題**」となり、文の**S**になります。must first exist が文の**V**になります。

exist の後ろの that が問題になりますが、**後ろはSが欠けている不完全文**なので、**関係代名詞の that** と特定します。**先行詞は名詞しかなれないので、certain 〜 problems が先行詞**になります。that 節の中では、**prompt O to do**「**Oを〜するように促す**」が使われています。dissatisfied からは、**形容詞 enough to do**「**〜するほど 形容詞**」に当てはめて訳しましょう。ここまでを**英文図解**で確認します。

英文図解

[For social movements to arise], certain political, economic,
　　不定詞のS　　　　M　　不定詞 副詞的用法　　　　　　　　　S

or other problems must first exist (that prompt people to be
　　　　　　　　　　　　　V　　　　関係代名詞のthat　prompt O to do

dissatisfied enough to begin and join a social movement).
　　M
　　　形容詞 enough to do

和訳 社会運動が起こるには、その運動を始めて、それに参加するほど人を不満にさせる、ある種の政治的、経済的、その他の問題が最初に存在していなければならない。

テーマ17 ②の重要語彙リスト

case	名 場面
come to mind	熟 頭に浮かぶ
social proof	名 社会的証明（行動の指針に他者の行動を参考にすること）
of value	熟 価値のある
social movement	名 社会運動
arise	動 生じる
certain	形 ある種の
prompt O to do	熟 O を～するように促す

分離がわかれば難しい英文が読める③

次の英文の意味を考えなさい。

The fear is even expressed that the AI revolution might lead to mass unemployment.

(滋賀県立大)

The fear が S、is even expressed が V になります。expressed の次の**that は後ろが完全文なので、接続詞**になります。**The fear** is even expressed「恐怖が表明すらされている」と言われても、**何の恐怖なのかがわかりません。**よって、that 以下は、同格関係で the fear の中身を説明する**同格の that** と判断します。元々は The fear の後ろにあったものが分離して、V の後ろに回りました。ここまでを 英文図解①・② で整理します。

英文図解①（元の文）

The fear 〈that ~〉 is even expressed.
  S   ▲ S'   V
     同格の that

The fear と that 節が分離

英文図解②（文の骨格）

The fear is even expressed 〈that ~〉.
  S   V   ▲ S'
              同格の that

続いて、that 節の中身を見ていきます。the AI revolution が S、might lead to が V です。**lead to は因果構文を作る**ので、「**S が原因で O になる**」に当てはめて訳しましょう。ここまでを 英文図解③ で確認します。

The fear is even expressed 〈that the AI revolution might lead
  S   V   ▲   S'
                   同格のthat

to mass unemployment〉.

和訳 AI革命が原因で、大量の失業が生まれるかもしれないという恐怖が表
明すらされている。

応 用 問 題 34

次の英文の意味を考えなさい。
Whether or not "Thatcherism" is guilty of today's economic
woes, the fact remains that Britain is in trouble.　　　（明治大）

　Whether 〜は、文のS、O、Cとなる節を作っていれば名詞節、それ以
外は副詞節です。本問では、カンマの後ろの**the fact remains**がSVの第
1文型なので、**Whether〜**は副詞節だと特定できます。Whetherの中身
は、**be guilty of**「〜に責任がある」と、**woe**「苦痛」をおさえておきまし
ょう。

　続いて、remainsの次の**that**は、**後ろが完全文なので接続詞**です。さら
に、the fact remains「その事実が残る」と言われても、**どんな事実なのか
がわかりません。**よって、このthatは**同格のthat**で、**the fact**と**分離してV
の後ろに回ってきた**とわかります。**分離**に焦点を絞って、英文図解①・②で
整理します。

the fact 〈that Britain is in trouble〉 remains.
  S   ▲   S'   V
    同格のthat

the factとthat節が分離

第5章
分離・挿入編

英文図解②（文の骨格）

the fact remains 〈that Britain is in trouble〉.
　　　S　　　　V　　　　　　同格のthat　　　　S'

では、全体を 英文図解③ で確認します。

英文図解③

[Whether or not "Thatcherism" is guilty of today's economic
　　▲　　　　　　　　　　　　　　　　　M
副詞節のWhether

woes], the fact remains 〈that Britain is in trouble〉.
　　　　　　S　　　　V　　　　同格のthat　　　S'

和訳 サッチャリズムが現代の経済的苦境に責任があろうとなかろうと、イ
　　　ギリスが苦しんでいるという事実は変わらない。

* **woe** は「苦痛」の意味ですが、**economic** 「経済の」 **に修飾されている**
　ので、「**苦境**」と訳しましょう。
* サッチャリズムとは、イギリス初の女性首相であるマーガレット・サッチ
　ャーによる一連の政策のことを表します。

テーマ **17** ③の重要語彙リスト

revolution	名 革命
lead to	熟 ～を引き起こす
mass	形 大量の
unemployment	名 失業
be guilty of	熟 ～に責任がある
woe	名 苦痛
remain	動 残る
in trouble	熟 困って

テーマ 18 挿入がわかれば難しい英文が読める①

確認問題 35

次の英文の意味を考えなさい。

Who are we to tell an African father, proud of raising his children to speak English, rather than the local dialect of his traditional village, that he is wrong?

（学習院大）

Who are we **to tell** 〜?で、**不定詞**が使われています。これは、**不定詞の副詞的用法の判断の根拠**「**〜するなんて**」という用法です。「**〜を言うなんて、私たちは何様だろうか？**」という一種の反語で、「**私たちは〜を言うべきではない**」という意味になります。続いて、tell an African fatherに続くカンマの後ろのproudは、**being省略の分詞構文**ととらえます。**to speak**は不定詞の副詞的用法で「**〜話すように**」とします。

B rather than AのBの後にカンマがありますが、この表現は**対比構造**を作ります。**the local dialect of his traditional village**「**伝統的な村の方言**」とEnglishの対比と気付きます。villageに続くカンマの後ろの**that he is wrong**は、最初の**tell が第4文型を取る**と予測できれば、an African fatherがO_1、that he is wrongがO_2と特定できるでしょう。**tell O_1 O_2のO_1とO_2の間に、proud of 〜の分詞構文と、B rather than Aの2つの表現が挿入された形**です。

ポイント㉙ 挿入を見抜くコツ

挿入は、カンマやダッシュなどの目印があります。**カンマとカンマやダッシュとダッシュに挟まれた部分をいったん読み飛ばして、文の骨格をおさえる**のが挿入を見抜くコツになります。

本問でも、**カンマとカンマの間をいったん読み飛ばして、tell O that 〜の骨格を見抜きましょう**。ここまでを 英文図解 で確認します。

不定詞 副詞的用法 判断の根拠

Who are we [to tell an African father, proud of raising his
　　　C　V　S　　　　　　　　　　　　　M

being省略の分詞構文

children to speak English, rather than the local dialect of his

不定詞 副詞的用法　　　　B rather than A

traditional village, that he is wrong]?

tell O that 〜のthat

和訳 子供が、昔からの村の方言ではなく、英語を話せるように育てたこと
を誇りに思うアフリカ人の父親に、彼は間違っていると言うなんて、
私たちは何様だろうか。

応 用 問 題 35

次の英文の意味を考えなさい。

There is nothing wrong with girls liking pink and princess,
as long as they have equal access — both practical and
psychological — to toys that promote scientific skills and
critical thinking.

（横浜市立大）

　There be 構文なので、**Sはnothing**になります。**wrong**から形容詞の後
置修飾です。**girls**は動名詞**liking**の**S**なので、「女の子がピンクやプリン
セスを好きなことに何もおかしなことはない」とします。続いて、**as long
as**「〜する限り」から副詞節が始まり、thinkingまでの意味のカタマリを
作って、**V**の**is**を修飾します。

　ダッシュ（—）で挟まれた部分を挿入語句としていったん読み飛ばすと、
前後の**have equal access to toys** 〜「〜なおもちゃが平等に手に入る」
が見えてきます。ダッシュに挟まれた**both practical and psychological**
「現実的かつ心理的」は、equalの説明を補うものです。toysの後ろは、
thatから関係代名詞の節が始まり、**thinking**までの形容詞節を作り、**toys**
を修飾します。ここまでを 英文図解 で確認します。

There is nothing (wrong with girls liking pink and princess),
M   V   S   M
動名詞のS

[as long as they have equal access — both practical and
「〜する限り」   girlsを指す   M

psychological — to toys that promote scientific skills and
have equal access to   関係代名詞のthat

critical thinking].

和訳 女の子にとって、現実的かつ心理的にも平等に、自然科学的な能力や
批判的思考力を促進するおもちゃが手に入る限り、ピンクやプリンセ
スを好きなことに何もおかしなことはない。

第5章

分離・挿入編

テーマ18 ①の重要語彙リスト

raise O	動 O を育てる
B rather than A	熟 A というよりむしろ B
local	形 現地の
dialect	名 方言
as long as	接 〜する限り
have access to	熟 〜を利用できる
practical	形 現実的な
toy	名 おもちゃ
promote	動 促す
critical	形 批判的な

テーマ 18 挿入がわかれば難しい英文 が読める②

確認問題 36

次の英文の意味を考えなさい。

Women are more likely than men to face harassment when they express their opinions.

（青山学院大）

Women are more likelyで、**be likely to do**「〜しそうだ」を予測しますが、次にthanが来ることで、いったん立ち止まります。than menの後ろにto faceがあることから、**than men を挿入語句**とみなして、be likely to doの骨格をつかみます。**テーマ18の①**で扱った挿入は、カンマやダッシュで区切りがあったのでわかりやすいものでしたが、**カンマやダッシュがない挿入**もあります。

カンマやダッシュがない場合の挿入は、意味のカタマリを作れる接続詞・前置詞がカギを握っています。 本問でも、than が接続詞なのでmenまでの意味のカタマリを作ります。前後が**Women are more likely to face harassmentで「女性はハラスメントに直面する可能性がより高い」**となります。whenから副詞節が始まり、Vのare more likelyを修飾します。ここまでを英文図解で確認します。

英文図解

Women are more likely [than men] to face harassment [when
S   V   ▲   M   V   O   M
            be likely to do

they express their opinions].
▲
Womenを指す

和訳 女性が意見を言うとき、男性よりハラスメントに直面する可能性が高い。

次の英文の意味を考えなさい。

Students have by May at the latest to decide whether they wish to audit regular classes during the summer or whether they intend to do an internship in a company or organization relating to their major.

（早稲田大）

Students have がSVであることは容易に特定できます。by から意味のカタマリが始まり、May の後ろにもう１つの意味のカタマリである **at the latest**「遅くとも」があります。by May「５月までには」と at the latest「遅くとも」という前置詞句です。次の to decide の判断に迷うところですが、**Vのhave からのつながりに気付けば、have to do だとわかります。**ここまでを 英文図解① で整理します。

続いて、**whether は decide の O** なので、**名詞節**と特定します。２行目の**or は whether の節を接続して、両方とも decide の O** です。４行目の **relating が現在分詞**で、major までの**形容詞句**を作り、**a company or organization を修飾**します。ここまでを 英文図解② で整理します。

| 和訳 | 学生は、遅くとも5月までには、夏の間の通常授業を聴講することを望むかどうか、専攻に関係する会社や組織のインターンシップをするつもりかどうかを決めなければいけない。 |

テーマ18 ②の重要語彙リスト

be likely to do	熟 ～しそうだ
face	動 直面する
harassment	名 ハラスメント
at the latest	熟 遅くとも
audit	動 聴講する
internship	名 インターンシップ
organization	名 組織
relate to	熟 ～に関係する
major	名 専攻

第 **6** 章

比較 編

＊比較の基本は前著の『大学入試　肘井学の　読解のための英文法が面白い
　ほどわかる本』で扱いました。本書では、その応用編である「Aというよ
　りむしろB」の応用知識、the ＋ 比較級 〜, the ＋ 比較級 ….の応用知
　識、クジラの構文の応用知識を扱います。

テーマ

19 「AというよりむしろB」がわかれば難しい英文が読める①

確認問題 37

> 次の英文の意味を考えなさい。
> The secret of influencing people lies not so much in being a
> good talker as in being a good listener.
>
> （関西学院大）

The secret of influencing people で、「人に影響を与える秘訣(ひけつ)」となり、文のSになります。**lies** がVで「〜にある」です。not so much を挟んで前置詞の in につながります。**not so much A as B「AというよりむしろB」**が使われています。Aに **in being a good talker** とあるので、名詞構文で読みかえます。**talker** をV'、good を副詞の **well** に読みかえて、「上手に話すこと」とします。Bに入る **in being a good listener** は、**listener** をV'、**good** を **well** に読みかえて、「上手に聞くこと」とします。

ここまでを 英文図解 で確認します。

英文図解

The secret (of influencing people) lies not so much [in being a
　　S　　　　　　　　M　　　　　　　V　　　　　　　　　　　A

good talker] as [in being a good listener].
　　　　　　　　　　　　B

和訳 人に影響を与える秘訣は、上手に話すことよりむしろ、上手に聞くことにある。

「**AというよりむしろB**」は、入試でも頻出の重要表現で、いくつかのパターンがあるので、紹介します。

ポイント30 「AというよりむしろB」

① **not so much A as B**
② **not so much A** but **B**
③ **B rather than A**
④ less A than B
⑤ **more B than A**

「**A**というよりむしろ**B**」は、①の**not so much A as B**を基本として、asをbutに変えた②**not so much A but B**もよく使われます。続いて、③**B rather than A**、④**less A than B**、⑤**more B than A**とすべて「**A**というよりむしろ**B**」の意味になります。④も頻度の高い表現になるので注意しましょう。

応用問題 37

次の英文の意味を考えなさい。

Ideologies matter, not so much as guides to history, but as vehicles for belief and political action.　　　　(京都府立医科大)

Ideologiesが**S**、**matter**が**V**です。**matter**で「**重要だ**」という意味の自動詞なので、注意しましょう。not so much asときて一瞬混乱しますが、後ろにbut asが続くことから、**not so much A but B**の**A**と**B**に**as 〜**が使われていると判断します。**A**と**B**に使われているasは、**前置詞のas**で「**〜として**」となります。**vehicle**は「**乗り物**」が直訳ですが、ここでは修飾語にbeliefやpolitical actionがあるので「**伝達手段**」と訳しましょう。ここまでを 英文図解 で確認します。

Ideologies matter, not so much [as guides to history], but [as
　　S　　　　V　　　　　　　　　　　　　　　　A

vehicles for belief and political action].
　　　　　　　　　　　　　　B

和訳 イデオロギーは、歴史の手引書として、というよりむしろ信念や政治
活動の伝達手段として重要だ。

＊ **guide** は「**指針**」の意味ですが、**イデオロギー（政治・社会思想）の衝突
により様々な歴史が生まれてきた**ので、歴史の「**手引書**」と訳します。

テーマ19 ① の重要語彙リスト

secret	名	秘訣
lie in	熟	〜にある
not so much A as B	熟	A というよりむしろ B
ideology	名	イデオロギー
matter	動	重要だ
vehicle	名	乗り物、伝達手段
belief	名	信念
political action	名	政治活動

テーマ 19

「AというよりむしろB」がわかれば難しい英文が読める②

次の英文の意味を考えなさい。

Our expressions are less a mirror of what's going on inside than a signal we're sending about what we want to happen next.

（一橋大）

Our expressions が S、**are** が V なのは容易に特定できます。less を飛ばして **a mirror** が C となります。**of を目的格**「〜を」でとらえて、**mirror を V'、what's going on inside を O'** でとらえると、「**内面で起こっていることを映し出す**」となります。続いて than を発見できるので、**less A than B**「**AというよりむしろB**」が使われているとわかります。

A には a mirror 〜 inside まで、B には a signal 〜 next までが入ります。B の情報を詳しく見ると、a signal we're sending で名詞 SV の語順から、**関係詞の省略**に気付きます。続いて、**関係代名詞の what から意味のカタマリが始まり next までの名詞節を作り、about の O** になっています。ここまでを 英文図解 で確認します。

英文図解

Our expressions are less a mirror of what's going on inside
　　　S　　　　　V　　　　　　　　　　　目的格の of　　A

than a signal we're sending about what we want to happen
　　　　　　　関係代名詞の省略　　　　　B　　関係代名詞の what

next.

和訳 私たちの表情は、内面で起こっていることを映し出すものというよりむしろ、次に起こってほしいものに関して送っている信号なのだ。

第6章
比較編

次の英文の意味を考えなさい。

She and other researchers compare the lure of digital stimulation less to that of drugs and alcohol than to food and sex, which are essential but counterproductive in excess.

（慶応大）

She and other researchers が S、**compare** が V というのは容易にわかるでしょう。**the lure of digital stimulation** で「**デジタルの刺激の魅力**」となります。less の後ろに to がありますが、本来 compare は **A with B** や **A to B** の型を取ると知っていれば、**compare A to B「A を B にたとえる」**が使われていると予測できます。that of drugs and alcohol の **that は代名詞**で、the lure を指します。途中の than に気付けば、**less A than B「A というよりむしろ B」**の A、B に、compare A to B の to B が使われているとわかります。

３行目冒頭のカンマ (,)which は、先行詞が food and sex で、「**不可欠だが、過度に取ると逆効果だ**」となります。ここまでを 英文図解 で確認します。

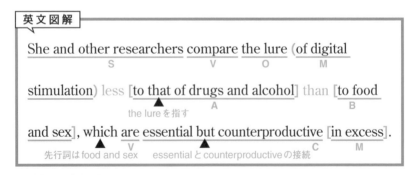

英文図解

She and other researchers compare the lure (of digital
　　　　　　　S　　　　　　　　　　V　　　　　O　　　　　M

stimulation) less [to that of drugs and alcohol] than [to food
　　　　　　　　　　　　　　　　A　　　　　　　　　　　　　　B
　　　　　　　　　the lure を指す

and sex], which are essential but counterproductive [in excess].
　　　　　　　　　　V　　　　　　　　　　　　　　　　C　　　　　　M
　先行詞は food and sex　　essential と counterproductive の接続

和訳 彼女と他の研究者は、デジタルの刺激の魅力を、ドラッグやアルコールの魅力というより、不可欠だが、過度に摂取すると逆効果となる食べ物やセックスにたとえる。

テーマ19 ② の重要語彙リスト

less A than B	熟 A というよりむしろ B
mirror	名 鏡
signal	名 信号
researcher	名 研究者
compare A to B	熟 A を B にたとえる
lure	名 魅力
stimulation	名 刺激
essential	形 不可欠な
counterproductive	形 逆効果の
excess	名 過度な状態

the ＋ 比較級 ～ , the ＋ 比較級 …. がわかれば難しい英文が読める①

確認問題 39

次の英文の意味を考えなさい。

The more people present when a person needs emergency help, the less likely it is any one of them will lend a hand.

（神戸大）

　文頭のThe moreと、カンマを挟んでのthe less likelyに気付けば、**the ＋ 比較級 ～, the ＋ 比較級 ….「～すればするほど、それだけ…」**が使われているとわかります。whenから副詞節が始まって、Vを修飾しますが、presentをVととらえると「贈る」・「提示する」のような意味で、「**人が緊急の助けを必要とするとき、贈る or 提示する人が多ければ多いほど**」となり、意味が通じません。

　その場合に、**the ＋ 比較級 ～, the ＋ 比較級 ….**の特徴として、**be動詞がよく省略される**というルールを知っておけば、**当初の予測を修正して、**presentを形容詞「**存在している**」にとらえ直します。peopleとpresentの間にareが省略されていることに気付くと、「**人が緊急の助けを必要とするとき、その場にいる人が多ければ多いほど**」と正しい解釈になります。

　続いて、カンマ以降の文は、**the less likelyの元々入っていた位置をイメージ**します。すると、**it is less likely (that) any one of them will lend a hand**と元の文をイメージできるので、「**その人たちの誰かが手を貸す可能性が、それだけ低くなる**」となります。ここまでを 英文図解 で確認します。

are の省略

The more people present [when a person needs emergency
　　　　S　　　　　　C　　　　　　　　　　　　　　　　M

help], the less likely it is ⟨any one of them will lend a hand⟩.
　　　　　　　C　　　S V　　　　　　　S'
　　　　　　　名詞節の that の省略　　people を指す

和訳 人が緊急の助けを必要とするとき、その場にいる人が多ければ多いほ
　　　ど、それだけその人たちの誰かが手を貸してくれる可能性は低くなる。

the ＋ 比較級 ～, the ＋ 比較級 …. は、最初の the が関係副詞で文と文をつ
なぐ働きです。後ろの the が指示副詞といってカンマの前文を指示して「そ
れだけ」の意味になります。the ＋ 比較級 ～, the ＋ 比較級 …. の応用知識
を紹介します。

ポイント 31　the ＋ 比較級 ～, the ＋ 比較級 ….（応用編）

① be 動詞の省略
② 形容詞（形容詞＋名詞）が前に出てくる
③ 最後の構文が倒置
④ the ＋ 比較級 が３つ以上

確認問題 では、上記の①と②が使われていました。②は、比較級には形容
詞と副詞が使われます。副詞の場合は文型に影響を与えないので問題ありま
せん。しかし、形容詞の場合は、前に出てくると、the less likely it is ～
のように、後ろの文の要素が欠けて見えるので注意が必要です。

次の英文の意味を考えなさい。

There are strong reasons for suggesting that the more we have been able to alter the limits of the body, the greater has been our uncertainty about what constitutes an individual's body.

（中央大）

there be構文なので、**strong reasons がS**で、**are がV**になります。**for** から前置詞のカタマリが始まり、形容詞句として**reasons**を修飾します。suggesting that の that は**名詞節の that** で、**suggesting の大きな O** を作ります。

that節の中身を見ると、the more 〜, the greater …. から、**the ＋ 比較級 〜, the ＋ 比較級 ….** とわかります。the greater 以下に、**has been our uncertainty と倒置が起きている**ので注意しましょう。**the greater がC、has been がV、our uncertainty がS**になります。what は**関係代名詞の what** で、body までの名詞節を作り、about の O になっています。ここまでを 英文図解 で確認します。

英文図解

There are strong reasons (for suggesting that the more we
   M   V   S   M   ▲
                                      名詞節の that

have been able to alter the limits of the body, the greater has
                                                ▲
                             has been、our uncertainty が倒置

been our uncertainty about what constitutes an individual's
                               ▲
                     関係代名詞の what

body).

和訳 私たちが、体の限界を変えることができるようになればなるほど、それだけ個々の体を構成するものがわからなくなってきていることを示唆する有力な根拠がある。

＊**our uncertainty about** ～は、直訳すると「**～に関する私たちの不確実性**」となります。～が「**個々の体を構成するもの**」なのでuncertaintyをuncertainに読みかえて、「**～がわからなくなる**」と訳します。

テーマ20 ① の重要語彙リスト

present	形 存在している
emergency	形 緊急の
likely	形 可能性のある
alter	動 変える
limit	名 限界
uncertainty	名 不確かさ
constitute	動 構成する
individual	名 個人

テーマ 20 the ＋ 比較級 〜 , the ＋ 比較級 …. がわかれば難しい英文が読める②

確認問題 40

次の英文の意味を考えなさい。

The more money I had, the more I spent and the more I lived in an anxious mood of always trying to make more.

（学習院大）

The more money 〜, the more …. から、**the ＋ 比較級 〜, the ＋ 比較級 ….** とわかります。しかし、さらにその後ろに and the more と続き、**the ＋ 比較級 が３つ続く表現**となります。この表現をしっかりと理解するには、元々の**the ＋ 比較級 〜, the ＋ 比較級 ….** の理解を深める必要があります。

元々の**the ＋ 比較級 〜, the ＋ 比較級 ….** は、**最初の the ＋ 比較級 〜が if 節のような条件節に相当**します。そして、**２つ目の the ＋ 比較級 …. は、if 節の主節に相当**します。すると、確認問題 では、The more money 〜, が条件節で、the more I spent と the more I lived in 〜が主節とわかります。and は主節を２つ接続しています。「**お金を多く持てば持つほど、それだけ多くを使い、それだけ〜で生きていた**」となります。

〜の部分は、**of が同格**で「**〜という**」と訳します。**make more は後ろに money が省略**されているので、「**もっと稼ぐ**」と訳しましょう。ここまでを 英文図解 で確認します。

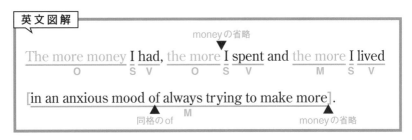

英文図解

money の省略

The more money I had, the more I spent and the more I lived
　　O　　　　　S　V　　　　O　　S　V　　　　　　　M　S　V

[in an anxious mood of always trying to make more].
　　　　　　　　　　M
同格の of　　　　　　　　　　　　　　　money の省略

和訳 お金を多く持てば持つほど、それだけ多くを使い、それだけ常にもっと稼ごうという不安な気持ちで生きていた。

応用問題 40

次の英文の意味を考えなさい。

We believe that the more information and ideas we produce, and the more people we make them available for, the better our chances of making good decisions.

（東京大）

We believeが**SV**で、**that**は**名詞節のthat**でbelieveの大きな**O**を作っています。that節の中身に、**the more 〜, and the more 〜, the better ….** と続きます。確認問題では主節が2つ並んでいたのに対して、応用問題では条件節が2つ並んでいます。andとカンマで区別しましょう。すなわち、「**〜すればするほど、そして〜すればするほど、それだけ…**」となります。

that節の中身を具体的に見ていくと、**the more information and ideas we produce,** が「私たちが生み出す情報やアイデアが多ければ多いほど」、そして **the more people we make them available for,** が「それらを利用してもらう人が多ければ多いほど」となります。themはinformation and ideasを指します。主節が**the better our chances of making good decisions**で、be動詞が省略されて、「私たちが良い判断をする可能性がそれだけ高くなる」となります。ここまでを英文図解で確認します。

英文図解

We believe 〈that the more information and ideas we produce,
　　S　　V　　　名詞節のthat　　　　　　　　　　　　　O

and the more people we make them available for, the better
　　　　　　　　　　　　　information and ideasを指す

our chances of making good decisions〉.
　　　同格のof　　　　　　　　are の省略

和訳 私たちが生み出す情報やアイデアが多ければ多いほど、そしてそれら
を利用してもらう人が多ければ多いほど、私たちが良い判断をする可
能性がそれだけ高くなると、私たちは信じている。

😊 テーマ20 ②の重要語彙リスト

anxious	形 不安な
mood	名 気分
available	形 利用できる
chance	名 可能性

クジラの構文がわかれば難しい英文が読める

確認問題 41

次の英文の意味を考えなさい。

Nature no more obeys the territorial divisions of scientific academic disciplines than do continents appear from space to be colored to reflect the national divisions of their human inhabitants.

（大阪大）

Nature が S、**obeys** が V、**the territorial divisions**「領域区分」が O の第3文型の文になります。途中の no more は、後ろの than と合わせて、**no more A than B**「B と同様に A ではない」と両者否定の文になります。

of scientific academic disciplines「科学の学問分野」が形容詞句で、**the territorial divisions**「領域区分」を修飾します。than の後ろは **do continents appear** と倒置が起きて疑問文の語順になっていることに注意します。from space を読み飛ばすと、**appear to be 〜**「〜であるように思える」に気付きます。

color「色分けする」から、**be colored**「色分けされる」になります。**to reflect** は不定詞の副詞的用法で「〜するように」と訳します。**of their human inhabitants** が形容詞句で **the national divisions** を修飾して、「人間の居住者による国家的区分」となります。ここまでを 英文図解 で確認します。

Nature no more obeys the territorial divisions (of scientific
　　S　　　　　　　V　　　　　O　　　　　　　　　　　M

academic disciplines) [than do continents appear from space
　　　　　　　　　　　　　　　疑問文の語順　　　　　　　M

to be colored to reflect the national divisions of their human
　appear to be ～　　不定詞 副詞的用法

inhabitants].

和訳 大陸が、宇宙から見ると、人間の居住者による国家的区分を反映する
ように色分けされているように見えないのと同様に、自然は、科学の
学問分野の領域区分に従うことはない。

ポイント㉜ クジラの構文

例文　A whale is no more a fish than a horse is.
　　　訳　クジラは、馬と同様に魚ではない。

no more A than B「**Bと同様にAではない**」の例文です。**a whale**「**ク
ジラ**」を使った上記の例文が有名なので、通称**クジラの構文**と呼ばれていま
す。ポイントは、**Bも違うし、Aも違う**という**両者否定**になることです。次
の例文もご覧ください。

例文　A whale is no less a mammal than a horse is.
　　　訳　クジラは、馬と同様に哺乳類だ。

no less A than B「**Bと同様にAだ**」の例文も、**a whale**「**クジラ**」を
使って表すことができます。no moreと違って、訳は「Bもそうだし、Aも
そうだ」と**両者肯定**になります。no more A than B以上に出題頻度が高い
ので、要注意の表現になります。ここまでを整理します。

● no more A than B	「Bと同様にAではない」
● no less A than B	「Bと同様にAだ」

応 用 問 題 41

次の英文の意味を考えなさい。

What was no less amazing than the poor quality of the spectacle was the number of people who had come to witness it.

（青山学院大）

　関係代名詞の**What**から名詞節が始まり、２個目の**was**の手前までの名詞節を作ります。**no less A than B**「**Bと同様にAだ**」が使われています。Whatからspectacleまでは、「**そのショーの質が低いのと同様に驚きだったのは**」となります。

　続いて、**was**が**V**、**the number**が**C**になります。ofから前置詞のカタマリが始まり、numberを修飾します。さらに、**who**から関係代名詞のカタマリが始まり、文の終わりまでの形容詞節を作って、先行詞の**people**を修飾します。itはthe spectacleを指します。ここまでを 英文図解 で確認します。

第6章　比較編

英文図解

〈What was no less amazing than the poor quality of the
　　　▲　　　　　　　　　　　　 s
　関係代名詞のwhat

spectacle〉 was the number (of people who had come to
　　　　　　　 V　　 C　　　　　　　　　　▲
　　　　　　　　　　　　　　　　　　　　関係代名詞のwho

witness it).

和訳 そのショーの質が低いのと同様に驚きだったのは、それを見にやってきた人の数だった。

テーマ21の重要語彙リスト

obey	動 従う
territorial	形 領域の
division	名 区分
academic	形 学問の
discipline	名 （学問などの）分野
continent	名 大陸
color	動 色づける
inhabitant	名 居住者
amazing	形 驚くべき
spectacle	名 ショー
witness	動 目撃する

第  章

as 編

＊ as を大まかに分けると、前置詞の as と接続詞の as があります。接続詞
の as には、時、比例、様態、理由などたくさんの用法があります。本書
では、その中でも難関大に頻出の譲歩の as、名詞限定の as を扱います。
さらに、関係代名詞の as も扱います。

テーマ 22

譲歩の as がわかれば難しい 英文が読める①

確認問題 42

次の英文の意味を考えなさい。

Strange as it may seem, ice is the source of all life in Antarctica.

（日本女子大）

asは英文読解の中で、キーワードの1つとなります。**時のas**「〜とき」、**理由のas**「〜ので」、**比例のas**「〜につれて」、**様態のas**「〜ように」と用法が多岐にわたるからです。さらに、難関大で狙われるものに、**譲歩のas、名詞限定のas、関係代名詞のas**があります。まずは、**譲歩のas**から見ていきましょう。

譲歩のasは、基本の型が決まっていて、形容詞 **as S be,** が基本となります。S be 形容詞 で第2文型をイメージして、「Sは形容詞だけれども」と訳しましょう。これを基本として、be動詞の前に**助動詞のmay**が使われることや、**be動詞がseemになる**こともあります。この場合のmayは**譲歩のmay**といって、特に訳出は不要です。seemの場合は「〜に思える」と訳出すればいいでしょう。さらに、次の例文をご覧ください。

例文 次の英文を、青字の部分の構造を意識して、意味を考えなさい。

Much as I tried, I could not recall her features. （明治大）

譲歩のasの形容詞 **as S be,** の形容詞 の位置に、例文のように**副詞**や、**名詞**が来るときもあります。さらに、beの位置に一般動詞が置かれることもあります。そういった場合にも**譲歩**を意識して、この文も「**私はかなり頑張ってみても**、彼女の特徴を思い出すことができなかった」と訳します。

確認問題に戻ると、Strange as it may seem, で形容詞 **as S may seem,** なので、「**それは不思議に思えるけれども**」とします。itは後ろの主節全体を指します。

続いて、**ice is the source** で SVC の第2文型です。of から前置詞のカタマリで Antarctica までの**形容詞句**を作り、**the source を修飾**します。**Antarctica** は、**Arctic**「北極」に **ant**「反対の」がついて、「**南極大陸**」の意味になります。ここまでを 英文図解 で確認します。

英文図解

[Strange as it may seem], ice is the source (of all life in
　　　　　　　　　　　　　　　　　　S　V　　C　　　　　M
　　　▲ M
　　主節を指す

Antarctica).

和訳 不思議に思えるけれども、氷は南極大陸のあらゆる生命の源だ。

応用問題 42

次の英文の意味を考えなさい。

Paradoxical as it may seem, without obligations —
sometimes damn irritating ones — there may be no real
basis for friendship.　　　　　　　　　　　　　　　　　（慶応大）

Paradoxical as it may seem, が 形容詞 **as S may seem,** なので、**譲歩の as** と特定します。「**それは逆説的に思えるけれども**」としましょう。it は 確認問題 と同様に、**主節の全体を指します**。

without obligations は「**義務がなければ**」、**damn** は強調して「**ひどく**」という意味の副詞です。**ones** は **obligations** の代名詞です。ダッシュの後ろは、**there be 構文**なので、**no real basis が S** で、**may be が V** です。**for friendship** は形容詞のカタマリで、**real basis を修飾**します。ここまでを 英文図解 で確認します。

[Paradoxical as it may seem], [without obligations] —
　　　　　　M　　　　　　　　　　　　　　　　M
　　　　　主節を指す

sometimes damn irritating ones — there may be no real basis
　　　　　　　　M'　　　　　　　　　　　　M　　V　　　　S
　　　　　　　　　　obligations を指す

(for friendship).
　　　　M

和訳 逆説的に思えるが、それは時にひどくイライラするものだけれども、
　　 義務がなければ、友情の本当の基礎となるものはないかもしれない。

テーマ22 ① の重要語彙リスト

strange	形 不思議な
source	名 源
Antarctica	名 南極大陸
paradoxical	形 逆説的な
obligation	名 義務
damn	副 ひどく
irritating	形 イライラさせる
basis	名 基礎

22 譲歩の as がわかれば難しい英文が読める②

次の英文の意味を考えなさい。

As different as the Indo-European languages were from one another, they all preserved bits of ancient vocabulary and grammar.

（関西大）

As different as ～を見ると、比較の原級表現に見えるでしょう。実は、譲歩のasの公式は、元々、**As 形容詞 as S be**という表現でした。よって「**S は形容詞だけれども**」と訳します。

すると、**As different as the Indo-European languages were from one another,** は、differentが元々wereとfromの間にあったとわかれば、**be different from**「～と異なる」が見えてきます。よって、「**インド・ヨーロッパ語族は、お互いに異なるけれども**」となります。

続いて、**they all preserved**がSVで、**bits of**「少しの」は形容詞のカタマリで、後ろの名詞を修飾します。**bits of ancient vocabulary and grammar**で「少しの古代の語彙や文法」となります。ここまでを 英文図解 で確認します。

英文図解

譲歩の as
▼
[As different as the Indo-European languages were from one
           the Indo-European languages を指す   M
▼
another], they all preserved (bits of) ancient vocabulary and
       S   V   M   O

grammar.

第7章 a s 編

和訳 インド・ヨーロッパ語族は、お互いに異なるけれども、すべて古代の
> 語彙や文法を少し維持していた。

応 用 問 題 43

次の英文の意味を考えなさい。

As uncomfortable as *this may seem, especially among colleagues you would typically want to impress, the result will be a broader range of creative ideas, which will surely impress them even more.

(九州大)

* this は「このこと」と訳す。（自分の恥ずかしい経験を話すことを指す。）

As uncomfortable as this may seem, が譲歩の **as** なので、「このことは心地よく感じないけれども」となります。**among** から前置詞のカタマリが始まり、さらに **colleagues you would typically want** と名詞 SV の語順なので、**関係詞の省略**とわかります。you から impress までの形容詞節を作り、colleagues を修飾します。同時に、among から始まる前置詞のカタマリは impress で終わり、副詞のカタマリで V の may seem を修飾します。

続いて、**the result will be が SV** です。**a broader range of**「より広範囲な」が形容詞のカタマリで後ろの **creative ideas**「創造的なアイデア」を修飾して、これが C になります。カンマ which は、先行詞が the result 〜 range of creative ideas となります。**them は colleagues** を指し、**even は比較級 more の強調**で「**さらに**」の意味です。ここまでを 英文図解 で確認します。

英文図解

[As uncomfortable as this may seem, especially among
　　　　　　　▲　　　　　　　　　M
　　　　　　譲歩のas

colleagues you would typically want to impress], the result
　　　　　▲　　　　　　　　　　　　　　　　　　　　　　　　　S
　　　関係詞の省略

will be (a broader range of) creative ideas, which will surely
　V　　　　　M　比較級の強調　　　　　　　　C　　　　　　　　　　V
　　　　　　　　▼

impress them even more.
　　　　　O ▲　　　　M
　　　colleagues を指す

和訳 このことは、特にあなたがいつもよい印象を与えたいと思う同僚には
気まずく思われるが、結果として、より広範囲な創造的アイデアを生
み出し、きっとその同僚たちに、さらによい印象を与えるだろう。

＊ impressは、「感動を与える」の意味がありますが、本文ではcolleagues
「同僚」が目的語なので、「よい印象を与える」と訳しましょう。

テーマ22 ②の重要語彙リスト

preserve	動 維持する
bits of	熟 少しの
ancient	形 古代の
vocabulary	名 語彙
grammar	名 文法
uncomfortable	形 心地よく感じない
especially	副 特に
colleague	名 同僚
typically	副 たいていは
impress	動 よい印象を与える
a range of	熟 様々な～
broad	形 広い

テーマ 22
譲歩の as がわかれば難しい 英文が読める③

次の英文の意味を考えなさい。

Risky though such activities may be, they allow people to expand their horizons.

（甲南大）

譲歩の **as** は、形容詞 **as S be,** が基本ですが、as が though になっても、同じ意味になります。形容詞 **though S be,**「Sは形容詞だけれども」になります。本問では **Risky though such activities may be,**「そのような活動はリスクがあるけれども」となります。

主節は、無生物主語 **allow O to do** が使われているので、**因果構文**です。「主語のおかげでOが〜できる」と訳しましょう。they は such activities を指します。**horizon** は直訳では「水平線」ですが、そこから転用されて「視野」の意味が生まれます。ここでは **expand their horizons**「視野を広げる」としましょう。ここまでを英文図解で確認します。

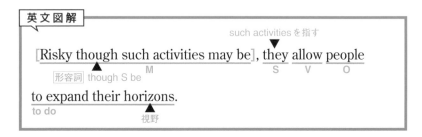

英文図解

such activities を指す

[Risky though such activities may be], they allow people
形容詞 though S be
M
S V O

to expand their horizons.
to do
視野

和訳 そのような活動はリスクがあるけれども、そのおかげで人々が視野を広げることができる。

応 用 問 題 44

次の英文の意味を考えなさい。

Animal lovers though we are, we may feel a pang of pride, when we see our cat proudly bringing home a large mouse or even, maybe, a rabbit.

（京都大）

Animal lovers though we are, で 名詞 **though S be,** の形になっています。確認問題 で紹介した 形容詞 **though S be,** が 名詞 **though S be,** に変形した表現です。よって、**Animal lovers though we are,**「私たちは動物愛好家だけれども」とします。さらに、**名詞構文**で読みかえて、**lovers** を **V'**、**animal** を **O'** とすると、「私たちは動物が大好きだけれども」となります。

we may feel が SV で、**a pang of pride** が文の O です。**when** から **rabbit** までが副詞節で、文の V である **may feel** を修飾します。when から始まる節の中身は、**see の第5文型**です。**our cat** が O で、**bringing 以下が C** になります。続いて、home「家に」が副詞で、a large mouse が bringing の O です。or は a large mouse と a rabbit を接続しています。ここまでを 英文図解 で確認します。

英 文 図 解

[Animal lovers though we are], we may feel a pang (of pride),
          M   S   V   O   M
       ▲
   名詞 though S be

[when we see our cat proudly bringing home a large mouse
                                  M

or even, maybe, a rabbit].
 ▲
a large mouse と a rabbit の接続

和訳 私たちは動物が大好きだけれども、自分の猫が大きなネズミや、ともするとウサギすら誇らしげに家に持ち帰るのを目にすると、胸のうずくような誇りを感じるかもしれない。

第
7
章

a
s
編

＊**a pang of pride**は直訳だと「**誇りを伴う苦痛**」です。本問の表現からヒントを得ると、**Animal lovers**「**動物が大好き**」なら、ネコがネズミやウサギを持ち帰るのは、**pang**「**苦痛**」を覚えるでしょう。**譲歩表現**で、それにもかかわらず**pride**「**誇り**」を覚えるということなので、**逆説的に**「**胸がうずくような誇り**」と訳します。ここでの「**うずく**」とは、「**ずきずき痛む**」という意味で、**pang**のニュアンスを表現しました。

😊 テーマ 22 ③の重要語彙リスト

risky	形	リスクのある
expand	動	広げる
horizon	名	視野
pang	名	苦しみ
proudly	副	誇らしげに
maybe	副	ひょっとすると

テーマ 23 名詞限定のasがわかれば難しい英文が読める

確認問題 45

次の英文の意味を考えなさい。

The first game resembling baseball as we know it today, was played in 1846.

（福岡大）

　resembling が**現在分詞で形容詞句**が始まります。続いて、baseballの後ろのasは**名詞限定のas**で、todayまでの形容詞節を作り、baseballを修飾します。**baseball as we know it today**「**私たちが今日知っているような野球**」と訳しましょう。

●ポイント㉝ 名詞限定のas

例文　Language as we know it is a human invention.
　訳　私たちが知っているような言語は、人間が創り出したものだ。

　名詞限定のasは、**接続詞**で、**形容詞のカタマリを作って、前の名詞を修飾**します。日本語訳は「**〜のような**」で、様態のasと似てはいますが、前の名詞を修飾するという働きが異なります。特徴は、**understand や know などの動詞**が続き、**代名詞のitを目的語に取ること**です。この代名詞のitは、修飾する名詞を指すので、注意しましょう。

　確認問題 に戻ると、**baseball as we know it**の**it**は**baseball**を指し、「**私たちが知っているような野球**」となります。カンマで主語のカタマリが終わり、was playedがVになります。ここまでを 英文図解 で確認します。

The first game (resembling baseball as we know it today),

was played [in 1846].

S　　　　　　　　現在分詞の後置修飾　　M　名詞限定の as

baseball を指す

V　　M

和訳 私たちが今日知っているような野球に似ている最初の試合は、1846年に行われた。

応 用 問 題 45

次の英文の意味を考えなさい。

As we're surrounded by so much packaging nowadays, you might think it has always been there. Yet two hundred years ago, the average household in Western society produced almost no garbage as we understand it today. （津田塾大）

　最初のAsは**理由のas**「〜ので」でとらえます。Asからnowadaysまでの副詞節が、Vのmight thinkを修飾します。**nowadays**は、「**昔と違って今は**」というニュアンスを含んでいることに注意しましょう。thinkとitの間に**名詞節を作るthat**が省略されているので、itからthereまでがmight thinkの大きな目的語になります。itはpackagingを指します。

　第2文は、**逆接のYet**で「だがしかし」と訳します。**the average household**がSで、**in Western society**が形容詞句でhouseholdを修飾します。producedがVで、almost no garbageがOの第3文型になります。almostがnoを修飾して「**ほぼまったく〜ない**」となります。

　garbage as we understand it todayのasが**名詞限定のas**です。itはgarbageを指します。「**私たちが今日知っているようなゴミ**」としましょう。ここまでを英文図解で確認します。

[As we're surrounded by so much packaging nowadays], you
理由の as   packaging を指す   M   S

might think ⟨it has always been there⟩. Yet [two hundred
V   名詞節の that の省略   O   M

years ago], the average household (in Western society)
                        S   M

produced almost no garbage (as we understand it today).
V   O   名詞限定の as   M   garbage を指す

和訳 私たちは今日、非常に多くの包装に取り囲まれているので、昔から
あったと思うかもしれない。しかし、200年前には、西洋社会の平均
的な家庭は、現代の私たちが知っているようなゴミはほとんど出さな
かった。

＊2行目の**might**と**Yet**に着目すると、**譲歩→逆説→筆者の主張**という文の
論理展開に気付きます。「**200年前の西洋社会では、現代のようなゴミは
なかった**」が主張とわかります。

第
7
章

a
s
編

テーマ23 の重要語彙リスト

resemble O	動 O に似ている
surround	動 囲む
packaging	名 包装
average	形 平均的な
household	名 家族
garbage	名 ゴミ

テーマ24 関係代名詞のasがわかれば難しい英文が読める

確認問題46

次の英文の意味を考えなさい。

As is often said, the United Kingdom and the United States are divided by a common language.

（早稲田大）

Asの後ろは**S**が欠けている**不完全文**なので、**関係代名詞のas**と特定できます。**先行詞は後ろの文全体**を指します。

ポイント34 関係代名詞のas

┌───┐
例文 ① He had made a mistake in the accounts, as I later discovered.

訳 彼は会計で間違いをしていたが、後で私が発見した。
└───┘

確認問題と同様に、**as**の後ろの文で**discovered**の目的語が欠けており、**不完全文**なので**関係代名詞のas**と特定できます。**先行詞は前の文全体**を指します。ここまでの機能ならば、実は**カンマwhich**と同様ですが、**as**ならではの用法は、**後ろの文を先行詞にとれる点**です。上の文は、以下のように変更が可能です。

┌───┐
例文 ② As I later discovered, he had made a mistake in the accounts.

訳 後で私が発見したが、彼は会計で間違いをしていた。
└───┘

確認問題に戻ると、**As is often said,**「（それは）よく言われているように」となります。「**それ**」の指示内容は**後ろの文全体**で、「**イギリスとアメリカは1つの共通言語で分けられている**」となります。ここまでを **英文図解** で確認します。

[As is often said], the United Kingdom and the United States
  ▲   M   S
関係代名詞のas

are divided [by a common language].
    V   M

和訳 よく言われているように、イギリスとアメリカは1つの共通言語で分
    けられている。

応 用 問 題 46

次の英文の意味を考えなさい。

As is suggested by the growing problem of obesity, physical
activity may have benefits to individuals and to society that
go beyond simply getting from A to B.

（日本医科大）

　As の後ろは S が欠けている不完全文なので、**関係代名詞の as** と特定で
きます。**先行詞は後ろの文全体**を指します。As〜の中の、**the growing
problem of obesity** を直訳すると「肥満のますます増加していく問題」と
なり、ぎこちない日本語になります。**名詞構文**で読みかえて、**growing を
V'、problem を S'** とすると、「肥満の問題が増加していること」となりま
す。

　As から obesity までで**副詞節を作り、文の V の may have を修飾**しま
す。**physical activity が S** で、**may have が V、benefits が O** の**第3文型**
です。**that は関係代名詞**で、**B までの形容詞節を作ります。「単に A から B
までの移動を越える」**という意味なので、**individuals や society** ではなくて
先行詞は benefits とわかります。ここまでを 英文図解 で確認します。

[As is suggested by the growing problem of obesity], physical
▲   M   S
関係代名詞の as

activity may have benefits (to individuals and to society) (that ▲
    V   O   M
                                                      関係代名詞の that

go beyond simply getting from A to B).
                  M

和訳 肥満の問題が増加していることからわかるように、体を動かすこと
は、単にAからBへと移動する以上のメリットを個人や社会に与える
かもしれない。

テーマ24 の重要語彙リスト

suggest	動 示す
obesity	名 肥満
physical activity	名 体を動かすこと
benefit	名 利益
individual	名 個人
go beyond	熟 〜を越える

第  章

 省略 編

＊省略というと、ある表現がいきなり消える印象があるかもしれません。しかし、省略できるものには、しっかりとしたルールが存在します。そのルールを細かいものまで扱うので、本章を読み終えたら、自信をもって省略を見抜くことができるようになるでしょう。

関係詞の省略がわかれば難しい英文が読める

確認問題 47

次の英文の意味を考えなさい。

Stories are our soul. Write and tell yours with your whole selves. Tell them as if they are all that matters. It matters that you do it as if that's all there is.

（学習院大）

Stories are our soul.「**物語は私たちの魂だ**」で、SVCの第2文型です。第2文は、**yoursがyour stories**を指し、**with your whole selves**「**全身全霊で**」となります。第3文は、**as if**が「**まるで〜かのように**」という意味で、**that**が関係代名詞で形容詞節を作り、**matters**が関係詞節のVで「**重要だ**」の意味です。先行詞が**代名詞のall**で「**すべてのこと**」となります。**as if they are all that matters**の直訳は「**それらがまるで重要なすべてであるかのように**」となり、意訳して「**重要なのはそれだけであるかのように**」とします。

　第4文は、**It**が形式主語の**it**で、**that**以下を指します。**as if that's all there is.**の**all there is**では、厳密には**there**はSではありませんが、形式上Sととらえて、**名詞SVの構造から関係詞の省略**とわかります。「**存在するすべて**」とします。「**存在しているのはそれだけ**」と意訳しましょう。**名詞でall**が使われたときは、**only**に訳しかえると上手な日本語になります。

ポイント 35 代名詞のallの訳出

> 例文　All you have to do is do your homework.
> 訳　あなたは宿題をやりさえすればいい。

All you have to doで名詞SVの語順から、**Allとyou**の間に関係詞が省略されているとわかります。「**あなたがしなければいけないすべては、宿題をすることだ**」から、**代名詞のall**なので**only**に訳しかえて、「あなたは宿

題をやるだけでいい」となります。do your homeworkは、元々to do your homeworkと不定詞の名詞的用法で、toが省略されています。

ここまでを 英文図解 で確認します。

英文図解

your storiesを指す

Stories are our soul. Write and tell yours [with your whole
　　S　　V　　C　　　　　V　　　　O　　M

your storiesを指す　　　　　　　　　　　　　　形式主語のit

selves]. Tell them [as if they are all that matters]. It matters
　　　　　V　　O　　　　　　　　M　　　　　　　　S　V
　　　　　　　　　　　　　関係代名詞

tell your storiesを指す

〈that you do it as if that's all there is〉.
　　　　　　　　S'
名詞節のthat　　　　　　関係代名詞の省略

和訳 物語は私たちの魂だ。全身全霊で、あなたの物語を書いて語りなさい。重要なのはそれだけであるかのように語りなさい。存在しているのはそれだけであるかのように語ることが重要だ。

応 用 問 題 47

次の英文の意味を考えなさい。

This energy you have generated will carry you through the interview, and all the interviewer will remember about you will be your keenness and enthusiasm for the position rather than your nerves.

（横浜国立大）

　This energy you have generatedで名詞SVの語順から、関係詞の省略と特定します。「あなたが生み出したこのエネルギー」とします。carry A through Bで「Aを、Bを通過したところまで運ぶ」から、carry you through the interview「あなたは面接を切り抜けられる」とします。続いて、andの後ろでall the interviewer will remember about youと、代名詞のallとthe interviewer will rememberでSVが続くので、allとtheの間に関係詞が省略されていると判断します。代名詞のallなのでonlyに訳しかえて、「面接官はあなたに関して～しか覚えていないだろう」とします。

allがS、will beがV、your keenness and enthusiasmがCの第2文型です。**B rather than A**「**AというよりむしろB**」に注意しましょう。ここまでを 英文図解 で確認します。

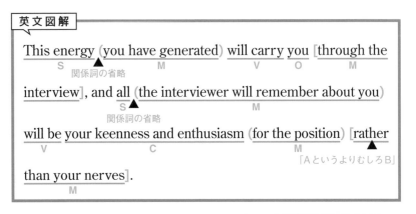

和訳 あなたが生み出したこのエネルギーによって、面接を切り抜けられるだろう。そして面接官があなたに関して覚えているのは、あなたの緊張というよりむしろ、あなたのその仕事への熱心さや熱意だけだ。

＊3行目の**position**は「位置」という意味ですが、本問は**interview**「面接」に関する話なので、「職」、「仕事」と訳しましょう。

テーマ25 の重要語彙リスト

as if	接 まるで〜かのように
matter	動 重要だ
generate	動 生み出す
interviewer	名 面接官
keenness	名 熱心さ
enthusiasm	名 熱意
B rather than A	熟 AというよりむしろB
nerve	名 緊張

テーマ 26　接続詞の後ろの省略がわかれば難しい英文が読める

確認問題 48

次の英文の意味を考えなさい。

Experiments have shown that people are unable to inhibit responses to gaze even when instructed to.　(東京工業大)

Experiments が S、**have shown** が V、**that** が文末までの名詞節を作り O になります。無生物主語 **show that 〜.** なので「S によって〜とわかっている」と訳します。that 節の中身は、responses to gaze で「じっと見つめられるとそれに反応してしまうこと」となります。even when からの箇所が難しいのは、2 つの省略が起きているからです。

ポイント 36　接続詞の後ろの S be の省略

例文　The food lasts forever if kept in a refrigerator.
訳 その食べ物は、冷蔵庫で保存すれば、長持ちする。

when や if に代表される**従属接続詞の後ろでは、主節と同じ S や一般人を表す S と be 動詞の省略**がよく起きるので注意しましょう。例文では、if が従属接続詞で、本来後ろに SV が必要にもかかわらず無いので、省略されているとわかります。この例文では、**主節と同じ S の the food の代名詞 it** と、**be 動詞の is が省略**されています。

確認問題 に戻ると、when の後ろに主節の S である **people** の代名詞の **they** と **be 動詞の are が省略**されています。さらに、instructed to にも違和感を覚えると思いますが、これは**代不定詞**というルールです。

第 8 章　省略編

例 文 You can sit down here if you want to.
　　　訳　ここに座りたいならどうぞ。

---

to を 1 語だけ残して、不定詞のカタマリの代わりができる用法を代不定詞と言います。例文でも、**to の後ろに sit down が省略**されています。

確認問題 に戻ると、**to の後ろに inhibit responses to gaze「じっと見つめる視線に対する反応をおさえる」が省略**されています。ここまでを 英文図解 で確認します。

英文図解

Experiments have shown 〈that people are unable to inhibit
　　　　　　S　　　　　V　　　　　　　　　　　　　　　　　O
　　　　　　　　　　　　　　　　名詞節の that

responses to gaze even when instructed to〉.
　　　　　　　　　　　　　　　▲　　　　　　　　▲
　　　　　　　　　　　they are の省略　　inhibit responses to gaze の省略

和訳 実験によると、人はそうするように指示されたときでさえ、じっと見つめる視線に対する反応を抑えることができないとわかっている。

応 用 問 題 **48**

次の英文の意味を考えなさい。
However, readers also have to be able to infer meanings that are not explicitly stated, but which readers can agree are available, though hidden, in the text.

（名古屋大）

---

readers が S、have to be able to infer を V、meanings を O ととらえます。**have to「しなければならない」**と **be able to「できる」**が合わさって、「**できなければいけない**」と訳します。

that から関係代名詞のカタマリが始まって、stated までの形容詞節を作り、**meanings を修飾**します。**but は that ～ stated と which ～ text** ま

での関係詞節を接続して、先行詞がmeaningsになります。whichの中身は、**readers can agree are**とSVVの並びから、**連鎖関係詞節**とわかるので、後ろから訳して、「**文章から読み取れると読者が同意できる**」とします。**though hidden**は、**meanings**の代名詞の**they**と**are**が**though**と**hidden**の間に省略されています。ここまでを 英文図解 で確認します。

英文図解

However, readers also have to be able to infer meanings (that
　　　　　　　M　　　　　S　　　M　　　　　　　　V　　　　　　　　O
　　　　　　　　　　　　　　　　　　　　　　　　　　　　　　　　　　　関係代名詞

are not explicitly stated), but (which readers can agree are
　　　M　　　　　　　　　　　　　　連鎖関係詞　　　　　M
　　　　　　　　　　　　　　　　　　　　　　　　　　　meanings が元々あった場所

available, though hidden, in the text).
　　　　　　　　　　　▲
　　　meanings の代名詞の they と are の省略

和訳 しかし、読者は、はっきりとは述べられていないが、隠されているけれども、文章の中で読み取れると読者が同意できる意味も推測できなければならない。

🔵 テーマ26 の重要語彙リスト

inhibit	動 抑制する
response	名 反応
gaze	名 （じっと見つめる）視線
instruct	動 指示する
infer	動 推測する
explicitly	副 明白に
state	動 述べる
available	形 利用できる
hide	動 隠す

テーマ 27 thoseの後ろの省略がわかれば難しい英文が読める

次の英文の意味を考えなさい。

Getting accustomed to British English can be challenging for those more familiar with American English. （上智大）

Gettingが動名詞で、British Englishまでの**名詞句**を作り、**文のS**になっています。**get accustomed to**「〜に慣れる」という意味の熟語です。**can be**が**V**、**challenging**が**C**の第2文型の文になります。**those**の後ろに**who are**が省略されています。

ポイント38 those who are 〜のwho areの省略

例文 I was surprised at the list of those involved in the accident.

訳 その事故に巻き込まれた人のリストを見て、私は驚いた。

those who「〜する人々」の**who**の後ろが**be動詞**の場合、**who**と**be**が省略されることがあります。beの後ろは形容詞が来るので、**who be**が省略されても、形容詞の後置修飾と判断できるからです。例文でも、元々はthose who were involved 〜だったのが、whoとwereが省略されて、those involved 〜となりました。

確認問題 に戻ると、元々は**those who are more familiar with American English**「アメリカ英語により精通している人々」だったのが、who areが省略されて、those more familiar with American Englishとなりました。ここまでを 英文図解 で確認します。

〈Getting accustomed to British English〉 can be challenging
　　　▲　　　　　　　　　　　　S　　　　　　　　　V　　　　C
　　　動名詞
[for those more familiar with American English].
　　　　▲　　　　　　　　　　　　　　　　　M
　who are の省略

和訳 イギリス英語に慣れることは、アメリカ英語により精通している人に
は、骨の折れる作業になる可能性がある。

応 用 問 題 49

次の英文の意味を考えなさい。
Few creatures in the wild fascinate humans as do gorillas.
For those lucky enough to have seen them, it would be hard
to imagine Africa's Congo without the gentle giants.

(京都外国語大)

　本問のように、**主語にFewやNoがついた場合**は、「～な**S**はほとんど
ない」、「～な**S**はまったく**ない**」と、**S**と**few**や**no**の間に**第2文型**を意識
して訳出します。asは様態で「～ように」、**do gorillas**で倒置が起きて、
gorillasの後ろにfascinate humansが省略されています。「**野生の生き物で、**
ゴリラほど人間を魅了するものはほとんどない」となります。

　第2文は、**For those lucky enough to have seen them**の**those**と
luckyの間に**who are**が省略されています。**lucky enough to ～**は 形容詞
enough to do「～するほど 形容詞 」の表現です。themはgorillasを指しま
す。itは形式主語のitで、to imagine以下を指します。ここまでを 英文図解
で確認します。

様態の as 倒置

Few creatures (in the wild) fascinate humans [as do gorillas].
S   M   V   O   形式主語の it M

[For those lucky enough to have seen them], it would be hard
     M   S V   C
who are の省略   gorillas を指す

⟨to imagine Africa's Congo without the gentle giants⟩.
                                        S'
不定詞 名詞的用法

和訳 野生の生き物で、ゴリラほど人間を魅了するものはほとんどない。ゴ
リラを見たことのある幸運な人にとって、アフリカのコンゴを、その
優しくて巨大な生き物なしで想像することは難しいだろう。

テーマ27 の重要語彙リスト

get accustomed to	熟 ~に慣れる
challenging	形 骨の折れる
be familiar with	熟 ~に精通している
creature	名 生き物
fascinate	動 魅了する
形容詞 enough to do	熟 ~するほど 形容詞
gentle	形 優しい
giant	名 巨大な生き物

28 whateverの後ろの省略がわかれば難しい英文が読める

確認問題 50

次の英文の意味を考えなさい。

Operating a keyboard is not the same at all: all you have to do is press the right key. It is easy enough for children to learn very fast, but above all the movement is exactly the same whatever the letter.

（東北大）

Operatingが**動名詞**でkeyboardまでの名詞句を作り、文のSになっています。**at allは強調**で、**not 〜 at all「まったく〜ではない」**になります。コロンの後ろは、all you have to doが **ポイント㉟** で学んだように**代名詞のall**なので、**onlyを意識して訳出**すると、「**正しいキーを押すだけで良い**」となります。press the right keyは元々、to press the right keyと不定詞の名詞的用法のtoが省略されています。

　続いて第2文は、**Itが前の文のSのOperating a keyboard**を指します。easy enough for children to learn 〜は、**形容詞 enough to do「〜するほど 形容詞 」**に、**不定詞のSがついた表現**になります。

butの後ろは**above all**が、元々**above all the things「すべてのことを越えて」**から、「**とりわけ**」の意味になります。**the movementがS、is がV、the sameがCの第2文型の文**になります。**whatever the letterは** letterの後ろに**is が省略**されており、「**その文字が何であっても**」となります。

ポイント㉟ whateverの後ろのbe動詞の省略

例文　Whatever your problems, you should take it easy.
訳　あなたの問題が何であろうと、気楽にとらえるべきだよ。

your problemsの後ろにareが省略されており、**whatever your problems are**で「あなたの問題が何であろうと」の意味になります。**whateverの後ろはbe動詞がよく省略される**と覚えておきましょう。

　確認問題 を 英文図解 で確認します。

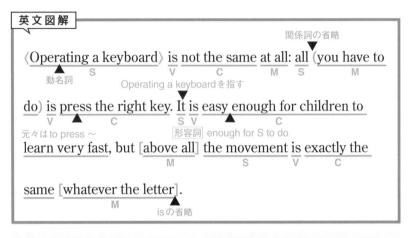

和訳 キーボードを操作することは、（手書きとは）まったく同じではない。正しいキーを押すだけで良い。それは、子供がとても速く身に付けられるほど簡単だが、とりわけその動きは、文字が何であってもまったく同じだ。

応 用 問 題 50

次の英文の意味を考えなさい。

Scientists involved in this research have suspected and sometimes shown that exercisers, whatever their species, tend to become hungrier and consume more calories after physical activity.

（大阪大）

　involvedが過去分詞で、researchまでの**形容詞句**を作り、**Scientistsを修飾**します。**Scientists**が**S**、**have suspected and sometimes shown**が**V**で、**that**から**名詞節**が始まり、**activity**までの意味の**カタマリ**を作り、**文のO**になっています。suspectは通常の名詞をOに取ると「疑う」です

が、本問のように**that節を取ると**「思う」になります。

　that節の中身は、exercisersがS、tend to becomeがVです。挿入句の**whatever their speciesはbe動詞が省略**されており、**speciesの後ろにisが省略**されています。「**その種が何であっても**」の意味です。after physical activityが副詞句で、become hungrierとconsumeの両方を修飾します。ここまでを英文図解で確認します。

英文図解

Scientists (involved in this research) have suspected and
　　　S　　　　　　　　　　　M　　　　　　　　　　　　　　V
　　　　　　過去分詞の名詞修飾

sometimes shown ⟨that exercisers, whatever their species,
　　　　　　　　　　　　名詞節のthat　　　　O　　　　　　　　　　isの省略

tend to become hungrier and consume more calories after

physical activity⟩.

和訳 この研究に関わった科学者は、運動するものは、その種が何であっても、運動をした後はより空腹になり、より多くのカロリーを消費する傾向にあると思って、時に証明してきた。

テーマ28の重要語彙リスト

operate	動 操作する
above all	熟 とりわけ
exactly	副 ちょうど
letter	名 文字
be involved in	熟 〜に関わる
suspect that	動 〜と思う
exerciser	名 運動するもの
species	名 種
consume	動 消費する

テーマ 29 共通要素の省略がわかれば難しい英文が読める

次の英文の意味を考えなさい。

The confusion that followed was enormous and the plan a
total failure.

（成蹊大）

thatが関係代名詞で、**followed**までの形容詞節を作り、**The confusion**を修飾します。The confusion が S、was が V、enormous が C の第2文型の文です。the plan a total failure と名詞が2つ続きますが、**and**を挟んで第2文型が接続されていると考えると、**the plan** と **a total failure** の間に**was** が省略されており、「**その計画は完全に失敗だった**」と意味も通じます。

ポイント ⑩ 共通要素の省略

例文 I like coffee, and my wife tea.
　　　訳　私はコーヒーが好きで、妻は紅茶が好きだ。

andを挟んだ前後で共通する表現は、後ろで省略可能になります。例文でも、I like coffee, and my wife **likes** tea. が元々の文です。**and**を挟んだ前後で**like**が共通しているので、**and**の後ろでは省略可能になります。

確認問題 を 英文図解 で確認します。

英文図解

The confusion (that followed) was enormous and the plan a
　　　　S　　　　関係代名詞　　　　V　　C　　　　　S　was の省略
total failure.
　　C

| 和訳 | 後で起きた混乱はひどく大きなもので、その計画は完全に失敗だった。

応 用 問 題 51

次の英文の意味を考えなさい。

Bamboo seemed the obvious choice for China, palm leaves for India and southeast Asia, clay bricks for Mesopotamia and papyrus for Egypt, as long as the plant grew plentifully in the Nile Valley.

（東京女子大）

BambooがS、**seemed**がV、**the obvious choice**がCの第2文型です。palm leaves for India and southeast Asia, clay bricks for Mesopotamia ～と続き、文構造がつかめなくなります。しかし、英文図解① で文構造を再考します。

英文図解①

Bamboo seemed the obvious choice for China,

palm leaves for India and southeast Asia,

clay bricks for Mesopotamia and papyrus for Egypt

すると、palm leaves「ヤシの葉」の後ろに **seemed the obvious choice**、clay bricks「粘土レンガ」の後ろに **seemed the obvious choice**、papyrus「パピルス」の後ろに **seemed the obvious choice** が省略されているのがわかります。**as long as**は「〜する限り」という副詞節を作ります。ここまでを 英文図解② で確認します。

seemed ～ choice が省略

Bamboo seemed the obvious choice [for China], palm leaves
S   V   C   M   S

[for India and southeast Asia], clay bricks [for Mesopotamia]
M   S   M

seemed ～ choice が省略

and papyrus [for Egypt], [as long as the plant grew plentifully
S   M   M

seemed ～ choice が省略   「～する限り」

in the Nile Valley].
M

和訳 竹は中国にとって、ヤシの葉はインドや東南アジアで、粘土レンガは
メソポタミアで当然の選択肢に思えたし、そしてパピルスがナイル川
流域で豊富に生育する限り、それはエジプトで当然の選択肢であるよ
うに思えた。

テーマ29 の重要語彙リスト

confusion	名 混乱
enormous	形 異常に大きな
failure	名 失敗
bamboo	名 竹
obvious	形 明らかな
palm	名 ヤシ（植物の名前）
clay	名 粘土
brick	名 レンガ
papyrus	名 パピルス
as long as	接 ～する限り
plentifully	副 豊富に
valley	名 流域

テーマ 30 what if 〜？がわかれば難しい英文が読める

確認問題 52

次の英文の意味を考えなさい。

Conversely, what if the world's scientific community were to model itself after our political elite?

（神戸市外国語大）

what if 〜？「〜したらどうなるか」は、疑問文にもかかわらず、〜に倒置が起きていない表現になります。

●ポイント ④ what if 〜？の2つの解釈

> 例文
> ① What if you were to live alone?
> 訳　仮にあなたが一人で生きていくなら、どうなるだろうか？
> ② What if we just take a break?
> 訳　休憩してはどうですか？

what if 〜？は、元々、**whatとifの間にwill happenやwould happenが省略された表現**です。will happenなら直説法（普通の表現）で、would happenなら仮定法になります。例文①では、if節に**were to**が使われているので、仮定法の表現とわかります。省略を補うと、What would happen if you were to live alone?になります。**if節でwere to**が使われると、**これから先の仮定を表す**ので、「**仮に〜なら**」と訳しましょう。

一方で、例文②のように「**〜してはどうか**」という**提案表現**もあります。**How about 〜？**と同じ意味の表現になります。

確認問題 では**if 節**に**were to** が使われているので、仮定法の表現で what と if の間に**would happen が省略**されているとわかります。**model oneself after** で「〜にならって自己を形成する」＝「〜を手本にする」です。ここまでを 英文図解 で確認します。

和訳 逆に、仮に世界の科学者集団が、私たちの政治エリートを手本にするとしたら、どうなるだろうか。

応用問題 52

次の英文の意味を考えなさい。

What if, rather than focusing on the new promises or discontents of contemporary civilization, we see today's changes primarily as changes in what human beings do with their hands?

（一橋大）

What if 〜? の表現です。〜に過去形が使われていないので仮定法ではなくて、直説法の表現になります。**rather than 〜**「〜よりむしろ」から副詞句が始まり、文の V である see を修飾します。**see A as B**「A を B とみなす」が使われています。changes in what 〜の in を主格ととらえて、changes を V'、what 〜を S' ととらえましょう。

what if 〜? には、 ポイント41 で学んだように、① 「〜したらどうなるか」に加えて、② 「〜してはどうか」という**提案表現**もあります。we が S になっていることからも、「〜してはどうか」の提案表現でとらえましょう。ここまでを 英文図解 で確認します。

What if, [rather than focusing on the new promises or
　　　　　　　▲　　　　　　　　　　　　　M
　　　　　「～よりむしろ」

discontents of contemporary civilization], we see today's
　　　　　　　　　　　　　　　　　　　　S　 V　　　A

changes primarily as changes in what human beings do with
　　　　　　　M　　　　as　　　　▲　　　▲　　　　　　B
　　　　　　　　　　　　　　主格のin　関係代名詞

their hands?

和訳 現代文明が持つ新しい可能性や不満に焦点を当てるよりむしろ、今日の変化を、主に人間が手を使ってできるものが変化したものとみなしてはどうだろうか。

＊ promise は「約束」の意味ですが、「有望」の意味でもよくつかわれます。本問では、「現代文明が持つ」という修飾語から、「有望」の意味でとらえて、「可能性」と意訳します。

テーマ30 の重要語彙リスト

conversely	副 逆に
what if ～?	熟 ～したらどうなるか？／～してはどうか？
scientific	形 科学的な
community	名 集団
model	動 形成する
elite	名 エリート
rather than	熟 ～よりむしろ
focus on	熟 ～に焦点を当てる
promise	名 有望
discontent	名 不満
contemporary	形 現代の
civilization	名 文明
primarily	副 主に

第 **9** 章

呼応 編

＊文法における呼応とは、前にある特定の語句に対応する一定の表現が、後ろで用いられることを意味します。この視点を持つと、苦手な人が多いso 〜 that …を容易に見抜くことができるようになります。また、not so 〜 that …になると、訳出にある工夫が必要になります。その工夫とは何なのか、本章で解き明かしていきます。

テーマ 31 so 〜 that …がわかれば難しい英文が読める①

確 認 問 題 53

次の英文の意味を考えなさい。

Children make so many errors when they are young that conversations would break down entirely if parents tried to fix all of the errors.

（岩手大）

ChildrenがS、**make**がV、**so many errors**がOの第3文型の文になります。**when they are young**は**they**が**children**の代名詞で副詞節を作り、「**子供が幼いとき**」の意味でVの**make**を修飾します。続いて、**that**がどんな役割かを識別していきましょう。

実は、**ここでthatが何であるかを考えている時点で、反応が遅い**と言わざるをえません。英語ができる人ほど、実はこの**that**より手前のある単語に反応します。その単語とは、**so**になります。**so**を見た瞬間に、**so 〜 that …**「**とても〜なので…**」を予測します。本問でも、「**子供が幼いときに、とても多くの間違いをするので、〜**」となります。

thatの後ろを見ていくと、**conversations**がS、**would break down**がV、**entirely**がMです。**if**から副詞節が始まり、**errors**までのカタマリを作って、Vの**break down**を修飾します。ここまでを **英文図解** で確認します。

英文図解

Children make so many errors [when they are young] [that
_____ ____ _____   ▲M   ▲
　S　　　　V　　　　O   children を指す   so 〜 that …

conversations would break down entirely if parents tried to fix
_____
　　　　　　　　　　　M

all of the errors].

[和訳] 子供が幼いときに、とても多くの間違いをするので、親がその間違いのすべてを直そうとしたら、会話がまったく成り立たないだろう。

応 用 問 題 53

次の英文の意味を考えなさい。

So much of the earth itself remained unexplored, that *these creatures would eventually be found in remote part of the world, or in the oceans.

（お茶の水女子大）

* these creatures は「これらの生き物」と訳す（まだ発見されていない動植物を指す）。

of the earth itselfの前置詞句がSo muchを修飾します。**many や much が代名詞としても使われること**に注意しましょう。remainedがV、unexploredがCの第2文型になります。カンマの後ろのthatがどんな役割かを識別していきます。

このthatも**手前のSoに反応しておけば、so ～ that …「とても～なので…」のthatとわかります**。thatの後ろは、these creaturesがS、would eventually be foundがV、inから前置詞句が始まります。orがinの2つの前置詞句をつないでいます。ここまでを 英文図解 で確認します。

英文図解

So much (of the earth itself) remained unexplored, [that
　S　▲　　　　　M　　　　　　V　　　　C　　　　　　▲
　　「多くの部分」　　　　　　　　　　　　　　　　　　so ～ that …
these creatures would eventually be found in remote part of
　　　　　　　　　　　　　　M
the world, or in the oceans].

[和訳] 地球そのもののとても多くの部分が未開拓なままだったので、これらの生き物は世界の辺境や海洋で最終的に見つかったのだろう。

第9章 呼応編

* **remote part**「人里離れた地域」を、**中央から遠く離れた地方**を意味する「**辺境**」と訳しました。**part**は「**部分**」、「**役割**」以外にも「**地域**」の意味があるので注意しましょう。

テーマ **31** ①の重要語彙リスト

error	名 間違い
conversation	名 会話
break down	熟 破綻する
entirely	副 完全に
fix	動 直す
remain C	動 Cのままだ
unexplored	形 未開の
creature	名 生き物
eventually	副 最終的に
remote	形 人里離れた

テーマ 31

so 〜 that …がわかれば難しい英文が読める②

確 認 問 題 54

次の英文の意味を考えなさい。

Your car is comfortable, but it's not so comfortable that you want to spend more time in this big metal container than you have to.

（お茶の水女子大）

　Your car が S、is が V、comfortable が C の第２文型です。but の後ろは、it が Your car の代名詞、アポストロフィ s は is の略で V、so comfortable が C の同じく第２文型です。comfortable の後ろの that の役割は何でしょうか。

　察しのいい方はおわかりの通り、**so 〜 that …** の that です。従来の「**とても〜なので…**」で訳すと、「**あなたの車はそんなに快適ではないので、この大きな金属の容器の中でより多くの時間を過ごしたい**」と意味が通じません。**テーマ31①の so 〜 that …** との違いは、**否定文である**ことです。

ポイント 42 not so 〜 that …の訳し方

例 文　I was not so tired that I could not walk.
　　　訳　私は歩けないほど疲れているわけではなかった。

　so 〜 that … が否定文で使われると、【程度】の意味で後ろから訳して、「**…ほど〜ではない**」とします。例文でも、**not so tired that I could not walk**「歩けないほど疲れているわけではない」とします。

　確認問題に戻ると、**not so 〜 that …**「**…ほど〜ではない**」に当てはめて、「**あなたの車は、この大きな金属の容器でより多くの時間を過ごしたくなるほど快適ではない**」とします。最後の have to は後ろに spend time in this big metal container が省略されています。

第9章 呼応編

ここまでを 英文図解 で確認します。

英文図解

Your carを指す ▼

$\underline{\text{Your car}}$ $\underline{\text{is}}$ $\underline{\text{comfortable}}$, but $\underline{\text{it's}}$ not so $\underline{\text{comfortable}}$ [that you
　　S　　　V　　　　C　　　　　　　　S V　　　　　　　C
　　　　　　　　　　　　　　　　　　　　　　　　　　　　　　▲
　　　　　　　　　　　　　　　　　　　　　　　　　　not so ～ that …

want to spend more time in this big metal container than you
　　　　　　　　　　　　　　　　M

have to].
　　　▲
spend ～ containerの省略

和訳 あなたの車は快適だが、必要以上にこの大きな金属の容器で時間を過ごしたくなるほど快適ではない。

応 用 問 題 54

次の英文の意味を考えなさい。

Children were all endowed with a brain so flexible and adaptable that it could, with the right sort of training, develop a capability that seems quite magical to those of us who do not possess it.

（青山学院大）

---

be endowed with「～を授かる」が使われています。**so flexible and adaptable that** で、**so ～ that** …を確認します。so flexibleから形容詞のカタマリで a brainを後置修飾すると解釈します。thatの後ろは、itが a brainの代名詞です。**with the right sort of training**で「正しい訓練を積めば」と訳します。

２つ目のthatから関係代名詞節が始まり、さらにwhoから関係代名詞節が始まり、前者は a capabilityを、後者は thoseを修飾します。**文末のitは、a capability**を指します。

so flexible and adaptableが後置修飾なので、**so ～ that** …も「…ほど～」で訳して、「子供たちは、～な能力を発達させることができるほど柔軟で適応力のある脳をみんな授かっていた」と訳します。

ここまでを 英文図解 で確認します。

英文図解

Children were all endowed with a brain (so flexible and
S ┄ a brainを指す ┄ V ┄┄┄ O ┄┄┄┄ M

adaptable that it could, with the right sort of training, develop
so ～ that … 「…ほど～」

a capability that seems quite magical to those of us who do
関係代名詞 関係代名詞

not possess it).
a capability を指す

和訳 子供たちは、正しい訓練を積めば、私たちの中でそれがない人にはすごい魔法のように思える能力を発達させることができるほど柔軟で適応力のある脳をみんな授かっていた。

👤 テーマ**31** ② の重要語彙リスト

comfortable	形 快適な
metal	形 金属の
container	名 容器
be endowed with	熟 ～を授かる
flexible	形 柔軟な
adaptable	形 適応力のある
capability	名 能力
magical	形 魔法の
possess	動 所有する

第9章
呼応編

テーマ 32 so that S 助動詞 がわかれば難しい英文が読める

確 認 問 題 55

次の英文の意味を考えなさい。

Ninety percent qualify for free lunch, which is to say that their families earn so little that the U.S. government assists so the children can eat properly at lunchtime.

（島根大）

Ninety percent がSで、**qualify for**「～の資格がある」がVです。カンマ **which** は直訳だと「**そしてそれは**」ですが、柔軟に訳しましょう。**which is to say** は **that is to say** と同じ意味で、「**それは～と言うことだ**」＝「**すなわち～**」とします。

that 節の中身は、**so ～ that** …が使われています。本問でも「**…ほど～**」と後ろから訳しましょう。さらに、so the children can eat ～は、元々 **so that S** 助動詞 の表現です。

ポイント❸ so that S 助動詞 の that の省略

> 例文　You should make the list carefully so there will be no mistakes.
> 訳　間違いがないように、注意深くリストを作成すべきだ。

so that S 助動詞 は、「～するように」の意味ですが、that がよく省略されます。その場合にも、**助動詞が残されているので、それをヒントに文脈から判断して、so that S** 助動詞 **に気付きましょう。**例文でも、**will** に着目して、**so that S** 助動詞 に気付きます。

確認問題 に戻ると、２つ目の so の後ろに can があるので、**so that S** 助動詞 を予測して、「**子供たちが昼時にきちんと食べられるようにアメリカ政府が援助する**」と特定します。ここまでを 英文図解 で確認します。

that is to say と同じ意味

Ninety percent qualify [for free lunch], which is ⟨to say that
　S　　　　　　V　　　　　　M　　　　　　　V　　C
名詞節の that

their families earn so little that the U.S. government assists so
so ～ that …　　　　　　　so that S 助動詞 の that が省略

the children can eat properly at lunchtime⟩.

和訳 90 パーセントが無料で昼食を食べる資格がある。それはすなわち、子供が昼時にきちんと食べられるようにアメリカ政府が援助するほど、その家族の稼ぎが少ないということだ。

応 用 問 題 55

次の英文の意味を考えなさい。

The treadmill was set at such a steep angle and turned up to such a fast speed that the average man held on for only four minutes.

（熊本大）

treadmill は「トレッドミル」で良いですが、ランニングマシーンの走る部分を指します。**was set** が V で、**at such a steep angle** が M です。続いて、and が過去分詞の **set と turned up** をつないで、**to ～ speed** が M となります。speed の後ろの that の役割を特定していきます。

実はこの that も、**手前の such に反応するべき表現**になります。such を見た瞬間に、**such ～ that** …「**とても～なので…**」を予測します。さらに、本問は **such が 2 つ**あるので、**両方とも that 以下と因果関係を意識して訳出**します。ここまでを 英文図解 で確認します。

The treadmill was set [at such a steep angle] and turned up [to
S   V   M
▲
setとturnedを接続

such a fast speed] [that the average man held on for only four
M   ▲   M
2つのsuchを受けるsuch ～ that …

minutes].

和訳 トレッドミルはとても急な角度に設定されて、とても速いスピードに
上げられたので、平均的な男性は4分間しか持たなかった。

テーマ32 の重要語彙リスト

qualify for	熟 ～の資格がある
free	形 無料の
, which is to say	熟 すなわち
government	名 政府
assist	動 援助する
properly	副 きちんと
treadmill	名 トレッドミル
set	動 設定する
steep	形 急な
angle	名 角度
turn up	熟 （ボリュームなどを）上げる
average	形 平均的な
hold on	熟 持ちこたえる

第  章

 関係詞 編

＊関係詞の基本的な働きは、which や who に代表されるように、形容詞節を作って前の名詞である先行詞を修飾することです。本書では、その応用知識である連鎖関係詞、名詞・前置詞・関係詞、前置詞・関係詞・不定詞、関係詞の二重限定を扱います。

テーマ 33 連鎖関係詞がわかれば難しい英文が読める

確認問題 56

次の英文の意味を考えなさい。

Things that I thought were unacceptable a few years ago are now commonplace in my house.

（立命館大）

that から意味のカタマリが始まると予測します。後ろが **I thought were** と **SVVの並び**になっているので、**連鎖関係詞**と特定します。

ポイント44 連鎖関係詞の特徴と訳し方

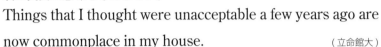

> **例文** I talked to a man who I thought was his father.
> 訳 私は、彼の父だと思う人と話をした。

who の後ろに **I thought was** と **SVVの並び**があることから、**連鎖関係詞**と特定します。元々の文は、I talked to **a man**. と I thought (that) **the man** was his father. で、関係詞の who で２つの文をつなぐと、I talked to a man **who** I thought was his father. となります。**後ろから訳出**して「彼の父親だと私が思った人」と訳しましょう。

確認問題 に戻ると、that から連鎖関係詞節が始まり、次の V の are の手前までの意味のカタマリを作り、**Things that I thought were unacceptable a few years ago**「数年前には受け入れられないと思った状況」と**後ろから訳します**。続いて、are が V、commonplace が C の第２文型の文となります。ここまでを 英文図解 で確認します。

Things (that I thought were unacceptable a few years ago) are
　　　S　▲　　　　　　　　　　　　　　　　　M　　　　　　　　　　　V
連鎖関係詞 (I thought were の SVV の並びに注意)

now commonplace [in my house].
　M　　　　C　　　　　　M

和訳 数年前には受け入れられないと思った状況が、私の家では今やごく普通のことになっている。

応 用 問 題 56

次の英文の意味を考えなさい。

The journalist often organizes the material to coincide with what he believes is the true meaning of the happening.

（中央大）

The journalist が S、**organizes** が V、**the material** が O の第３文型です。**to coincide ～**は不定詞の形容詞的用法で、**the material** を修飾します。what の後ろで、**he believes is** と SVV の並びがあることから、**連鎖関係詞**と特定します。

確認問題 との違いは、関係詞が **what** なので、先行詞がなく**名詞節**「～こと」になる点です。**what he believes is ～**で「～だと彼が信じるもの」と、後ろから訳しましょう。ここまでを 英文図解 で確認します。

The journalist often organizes the material (to coincide with
　　　　S　　　　　M　　　V　　　　　　O　　　　　　　▲　　　M
　　　　　　　　　　　　　　　　　　　　　　　　不定詞 形容詞的用法

what he believes is the true meaning of the happening).
　▲
連鎖関係詞

和訳 ジャーナリストは、その出来事の本当の意味だと彼が信じるものと一致する題材をまとめることが多い。

テーマ 33 の重要語彙リスト

things	名 状況
commonplace	形 ごく普通の
organize	動 まとめる
material	名 題材
coincide with	熟 〜と一致する

テーマ 34 名詞・前置詞・関係詞がわかれば難しい英文が読める

確認問題 57

次の英文の意味を考えなさい。

The singer earned a huge amount of money through her concert, half of which she donated to charity.

（立教大）

The singer が S、**earned** が V、**a huge amount of money** が O の第 3 文型になります。**a huge amount of** で「多額の〜」と後ろの名詞を修飾します。**through her concert** で副詞句を作り、V の **earned** を修飾します。

カンマ half of which から訳出が難しくなりますが、名詞・前置詞・関係詞 の訳出を紹介します。

ポイント 45 名詞・前置詞・関係詞 の訳出

例文　I often use convenience stores, many of which operate 24 hours a day.

訳　私はよくコンビニを使うが、その多くが 24 時間営業だ。

カンマ which は、「**そしてそれは**」と訳出するのが基本になります。それに **many of** が加わって、**カンマ many of which** になると「**そしてその多くが**」と訳出します。名詞・前置詞・関係詞 で多いのが、名詞に **many**、**much**、**some**、**all** などが入るもので、順に「**その多く**」、「**その多く**」、「**そのいくつか**」、「**そのすべて**」と訳出できるようにしましょう。

確認問題 に戻ると、**カンマ half of which** なので、「**そしてその半分**」とします。**donated** の目的語が欠けているので、「**そしてその半分を**」と訳出しましょう。ここまでを 英文図解 で確認します。

The singer earned a huge amount of money [through her
　　　S　　　　V 「そしてその半分を」 O　　　　　　　　　　　M
　　　　　　　　　　　　　　　▼
concert], half of which she donated [to charity].
　　　　　　(O)　　　　　S　　V　　　M

和訳 その歌手は、コンサートによって多額のお金を稼ぎ、（そして）その半
分を慈善事業に寄付した。

応 用 問 題 57

次の英文の意味を考えなさい。
Some satellites have exploded or have collided, one with
another, and each time this happens, they fragment into
small pieces, all of which continue to orbit the Earth. （京都大）

Some satellites が S、have exploded or have collided が V です。
one with another は one が satellite の代名詞、another も satellite を指す
ので、「１つの人工衛星が別の人工衛星と」という意味です。

and の後ろは、**each time this happens,** で **each time SV「S が V する
たびに」** の意味です。this は Some 〜 another を指します。they fragment
が SV で、**they は Some satellites** を指します。**fragment into「粉々にな
って〜になる」** の意味です。

カンマ all of which は、**「そしてそのすべてが」** と訳出します。先行詞は
small pieces になります。そのあとには **continue to do「〜し続ける」** が
使われています。ここまでを 英文図解 で確認します。

Some satellites have exploded or have collided, [one with
　S　　　　　　have V　　　　　　　　V　Some satellites を指す　M
　　　　　　　　「〜するたびに」

another], and [each time this happens], they fragment [into
　　　　　　　　　　　　M　　　　　　　　S　　　V
　　　　　　　　Some 〜 another の内容を指す

small pieces], all of which continue to orbit the Earth.
　　M　　　　　▲ (S)　　　　　　V　　　　　　　O
　　　　　　　「(そして) そのすべてが」

和訳 人工衛星の中には、爆発するか、他の人工衛星と衝突するものもあ
る。そして、このことが起きるたびに、その人工衛星は粉々になり、
小さな破片となって、そのすべてが地球の周りを回り続ける。

テーマ34 の重要語彙リスト

earn	動 稼ぐ
huge	形 莫大な
donate	動 寄付する
charity	名 慈善事業
satellite	名 人工衛星
explode	動 爆発する
collide	動 衝突する
each time SV	接 S が V するたびに
fragment	動 粉々になる
orbit	動 周りを回る

第10章 関係詞編

確認問題 **58**

次の英文の意味を考えなさい。

Once the nervous system has been given enough cues to treat the virtual world as the world on which to base expectations, virtual reality can start to feel real.　（京都大）

　Once が接続詞でexpectationsまでの**副詞節**を作り、Vのcan startを修飾します。**Once S'V', SV.**「**一度S'がV'すると、SがVする**」と訳します。**to treat**は不定詞の形容詞的用法で、enough cuesを修飾します。**treat A as B**「**AをBとみなす**」が使われています。

　the world **on which to base** expectationsで、前置詞・関係詞・不定詞が使われているので、説明します。

ポイント 46　前置詞・関係詞・不定詞

例 文　I need some information on which to base a decision.
　　　訳　私は判断のよりどころとなる情報を必要としている。

　on which to baseで前置詞・関係詞・不定詞が使われています。前置詞、関係詞は無視して、不定詞の形容詞的用法と同じと思ってください。よって、**to base a decisionがsome informationを修飾するイメージ**です。厳密には、**some information to base a decision on**「判断のもととなる情報」＝「判断のよりどころとなる情報」となります。

　確認問題に戻ると、on which to base expectationsがthe worldを修飾して、「予測のもととなる世界」になります。ここまでを英文図解で確認します。

「一度~すると」
▼
[Once the nervous system has been given enough cues
　　　　　　　　　　　　　　　　　　　　　　M
treat A as B「AをBとみなす」
to treat the virtual world as the world on which to base
▲
不定詞 形容詞的用法　　　　　　前置詞・関係詞・不定詞
expectations], virtual reality can start to feel real.
　　　　　　　　　　　　　　S　　　　　　V　　　　C

和訳 一度神経システムが、仮想世界を予測のもととなる世界とみなすのに
十分な手掛かりを与えられると、仮想現実が本物であると感じ始める
ことがある。

応 用 問 題 58

次の英文の意味を考えなさい。

We have no common terms by which to describe our expectations of aunts and uncles or their typical activities and to differentiate them from the expectations and activities of other family members such as parents or grandparents.

（東北大）

We が **S**、**have** が **V**、**no common terms** が **O** の**第3文型**になります。**by which to describe** で 前置詞 ・ 関係詞 ・ 不定詞 なので、**to describe ~** が **no common terms** を修飾します。**to describe our expectations of aunts and uncles or their typical activities** で、**or** は **our expectations ~ uncles** と **their ~ activities** を接続します。「私たちのおばやおじに期待するものや、彼らの典型的な行動を説明する」とします。

3行目最初の **and** は、**to describe ~** と **to differentiate …** を接続するので、両方とも **no common terms** を修飾します。**differentiate A from B**「**A を B と区別する**」で、**A** の位置にある **them** は、**our expectations ~ activities** までを指します。ここまでを 英文図解 で確認します。

第
10
章

関
係
詞
編

前置詞・関係詞・不定詞

We have no common terms (by which to describe our
S   V   O   our ～ uncles と their typical activities の接続   M

expectations of aunts and uncles or their typical activities and

to describe ～と to differentiate ... の接続

to differentiate them from the expectations and activities of

other family members such as parents or grandparents).
B such as A「AのようなB」

和訳 私たちには、おばやおじに期待するものや、彼らの典型的な行動を説明したり、それらを親や祖父母のような他の家族に対する期待や行動と区別したりする共通の用語がない。

テーマ35 の重要語彙リスト

once ～	接 一度～すると
nervous	形 神経の
cue	名 手がかり
treat A as B	熟 A を B とみなす
virtual	形 仮想の
base A on B	熟 A を B に基づかせる
common	形 共通の
term	名 用語
describe	動 描写する
typical	形 いつもの
differentiate A from B	熟 A を B と区別する

36 関係詞の二重限定がわかれば難しい英文が読める

次の英文の意味を考えなさい。

Mrs. Chalker sat at a chair next to the teacher's desk and bravely listened as Mrs. Ebbel told her about Bradly. There was nothing Mrs. Ebbel said that she didn't already know.

（宇都宮大）

Mrs. Chalker が S、sat が V、at a chair が M、next to ～ desk も M です。and は sat と listened を接続します。as は**時の as** です。

第2文は、there be 構文なので、was が V、nothing が S です。**nothing Mrs. Ebbel said** で名詞 SV の語順から、関係詞の省略とわかります。続いて、**that** も後ろが **know** の目的語が欠けている不完全文なので、関係代名詞とわかります。先行詞は名詞しかなれないので、**nothing** を **that** の先行詞と特定します。すると、nothing には、Mrs. Ebbel said と that she didn't already know の2つの関係詞節があることになります。このように、**1つの名詞を2つの関係詞節が修飾することを関係詞の二重限定**と言います。

ポイント47 関係詞の二重限定

例文 He is the only person I know that can overcome the difficulties.
　　訳　彼は、私が知る中で、その困難を克服できる唯一の人だ。

例文でも、**the only person I know** で名詞 SV の語順から、関係詞の省略と特定できます。続いて、**that の後ろが不完全文**なので、関係詞とわかります。**関係詞の二重限定**の文です。このように、**関係詞の二重限定は、最初の関係詞が省略**されて名詞 SV となり、その後ろに that や which などの関係詞節が続くとわかります。**名詞 SV that ～の型**を覚えておきましょう。

（第10章 関係詞編）

確認問題 に戻ると、**nothing Mrs. Ebbel said that** 〜となるので、「**エブル先生が言った中で、〜なものは何もない**」となります。ここまでを 英文図解 で確認します。

英文図解

Mrs. Chalker sat [at a chair] (next to the teacher's desk) and
　　S　　　V　　　M　　　　　　　　M

bravely listened [as Mrs. Ebbel told her about Bradly]. There
　M　　V　　　▲　　　　　　　　　M　　　　　　　　M
　　　　　　　時のas

was nothing (Mrs. Ebbel said) (that she didn't already know).
　V　　S　　　▲　　　M　　　　▲　　　　　M
　　　　　関係詞の省略　　　　関係代名詞

和訳 チョーカーさんは、その教師の机の隣の椅子に座って、エブル先生が ブラッドリーについて話をする間、勇敢にも聞いていた。エブル先生 が話した中で、彼女がまだ知らないものは、何もなかった。

応 用 問 題 59

次の英文の意味を考えなさい。

We speak of "knowledge for its own sake," but there is nothing we learn that does not put us into a different relation with the world — usually, we hope, a better relation.

(東京大)

WeがS、**speak of**「〜について話す」がVです。**for one's sake**は「〜 のために」という意味です。**nothing we learn**で名詞SVの語順から、関 係詞の省略とわかります。**that**は後ろの文がSの欠けている不完全文なの で、関係代名詞です。先行詞は名詞しかなれないので、**nothing**になりま す。すると、nothingに対して、we learnとthat 〜と2つの関係詞節が続く ので、**関係詞の二重限定**とわかります。

nothing we learn that 〜なので、「**私たちが学ぶ中で〜なものはない**」 とします。that節の中身は、**put A into B**「**AをBの中に入れる**」が使わ れています。

ダッシュは同格で、後ろでa different relationの具体説明をしています。ここまでを 英文図解 で確認します。

英文図解

We speak of "knowledge for its own sake," but there is
S　　　V　　　　　　　　　O　　　　　　　　　　M　　V

nothing (we learn) (that does not put us into a different
　　　　 S　　M　　 　　　　　　　　　　M
関係詞の省略　　関係代名詞

relation with the world — usually, we hope, a better relation).
　　　　　　　　　　　　同格のダッシュ

和訳 私たちはそれ自体のための知識について話をするが、私たちが学ぶ中で、世界との異なる関係性、たいていは私たちが望む、より良い関係に引き込んでくれないものはない。

テーマ36 の重要語彙リスト

bravely	副 勇敢にも
tell A about B	熟 A に B について話す
speak of	熟 ～について話す
for one's sake	熟 ～のために
put A into B	熟 A を B の中に入れる
relation	名 関係性

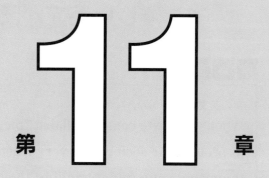

第 **11** 章

文型 編

＊第4文型は SVO_1O_2、第5文型は SVOC が基本になります。本書では、第4文型の応用である **afford, grant, deny** を扱います。第5文型の応用では、**declare** や **render** の第5文型を紹介します。知覚動詞の基本は、**see, hear, feel** が第5文型を取るという知識です。**see, hear, feel** 以外の盲点となる知覚動詞を紹介します。

テーマ 37 第4文型の応用がわかれば難しい英文が読める

次の英文の意味を考えなさい。

When we stop to consider all that *they go through in order to protect our society, the very least we can do is afford them the same understanding they can get from their companion animal.

＊they は退役軍人を指す。「彼ら」と訳して良い。

（山形大）

　When から副詞節が始まり、society までの意味のカタマリを作り、文のV の is を修飾します。**stop to consider ～** は不定詞の副詞的用法の結果用法で解釈して、「立ち止まって～を考える」とします。**all** は代名詞で「すべてのこと」の意味です。**that** は関係代名詞で society までの形容詞節を作って、**all** を修飾します。

　続いて、**the very least we can do** で名詞 SV の語順から、関係詞の省略と判断します。**very** は最上級の **least** を強調して、「私たちができる本当に最低限のこと」＝「私たちが最低限できるのは、～することくらいだ」とします。afford 以下は厳密には to afford ～と不定詞の名詞的用法で、英文の C になります。afford は第4文型で、**afford O₁ O₂**「O₁ に O₂ を与える」が使われています。

ポイント 48 第4文型の応用① afford と grant

　第4文型は、**give O₁ O₂**「O₁ に O₂ を与える」が基本になります。tell, show, lend, teach などはすべて第4文型を取りますが、「**O₁ に O₂ を与える**」が根底に流れています。**tell** は「**情報を与える**」＝「**伝える**」、**show** は「**姿を与える**」＝「**示す**」、**lend** は「**返す約束をして与える**」＝「**貸す**」、**teach** は「**知識を与える**」＝「**教える**」となります。次の例文をご覧下さい。

例文
・Music affords us a deep impression.
訳　音楽は私たちに深い感動を与えてくれる。
・Your parents will grant you permission to use the car.
訳　あなたがその車を使う許可を、親が与えてくれるだろう。

　第４文型の応用として、**afford O₁ O₂**、**grant O₁ O₂**をおさえておきましょう。両方とも「**O₁にO₂を与える**」の意味です。

　確認問題に戻ると、**afford them the same understanding**でthemがO₁、the same understandingがO₂です。understanding they can getで**名詞SVの語順**から、関係詞の省略と判断します。theyから形容詞節が始まってanimalまでの意味のカタマリを作り、understandingを修飾します。ここまでを英文図解で確認します。

英文図解

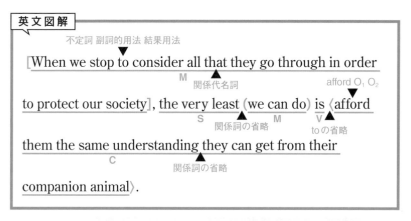

[When we stop to consider all that they go through in order
to protect our society], the very least (we can do) is ⟨afford
them the same understanding they can get from their
companion animal⟩.

和訳　私たちが立ち止まって、彼らが私たちの社会を守るために経験するすべてのことを考慮すると、私たちが最低限できるのは、彼らが、ペットから得られるのと同じように、彼らを理解することくらいだ。

＊ **companion animal**で「**連れ合いの動物**」＝「**ペット**」を意味します。

次の英文の意味を考えなさい。

Parents said that they denied their children the freedom that they themsclves had enjoyed, because of the fear of traffic, and also of strangers.

（京都大）

Parentsが**S**、**said**が**V**、**that**から名詞節が始まり**strangers**までの意味のカタマリを作り、文の**O**となっている**第3文型**の文です。

that節の中身は、theyがParentsの代名詞で、**denied their children the freedom**で、**deny O₁ O₂の第4文型**となっています。

ポイント㊾ 第4文型の応用② deny

例文
They denied me the chance of going to university.
訳　彼らは私に大学進学の機会を与えなかった。

通常の第4文型は「**O₁にO₂を与える**」ですが、例外的に**deny O₁ O₂「O₁にO₂を与えない」**があります。例文では、meがO₁、the chanceがO₂です。

応用問題に戻ると、**their children**が**O₁**、**the freedom**が**O₂**で、2つ目の**that**は後ろが**enjoyed**の目的語が欠けている不完全文なので、**関係代名詞**と特定できます。**enjoy**は**freedom**や**peace**などを目的語に取る場合は、「**享受する**」と訳しましょう。**the fear of traffic**を名詞構文で読みかえて、**fear**を**V'**、**of**を目的格、**traffic**を**O'**として「**車の往来を恐れて**」とします。**and**は**of traffic**と**of strangers**を接続するので、「**車の往来と見知らぬ人も恐れて**」となります。ここまでを英文図解で確認します。

Parents を指す

Parents said ⟨that they denied their children the freedom that
S   V   名詞節の that   deny O_1 O_2 O   関係代名詞

they themselves had enjoyed, because of the fear of traffic,
Parents を指す

and also of strangers⟩.
of traffic と of strangers の接続

和訳 親は、車の往来や見知らぬ人も恐れて、親自身が享受してきた自由を子供たちに与えていないと言った。

テーマ37 の重要語彙リスト

go through	熟 経験する
afford O_1 O_2	動 O_1 に O_2 を与える
companion animal	名 ペット
deny O_1 O_2	動 O_1 に O_2 を与えない
enjoy	動 享受する
traffic	名 車の往来
stranger	名 見知らぬ人

第11章

文型編

テーマ

38

第5文型の応用がわかれば
難しい英文が読める

確認問題 61

次の英文の意味を考えなさい。

The angry king, seeing his power and safety at risk because of the people's obsession with sticks and stones, declared golf illegal in 1457.

(愛知大)

The angry king, seeing 〜, declared ….から、**S, doing 〜, V ….** と ポイント⑲ で紹介した型に当てはまるので、**分詞構文**と特定します。文の骨格はThe angry kingがS、declaredがVになります。

seeing 〜は、**his power and safety**がO、**at risk**がCで、**see O C** の第5文型になります。because of 以下は名詞構文で読みかえて、**the people's**がS'、**obsession**をV'、**sticks and stones**をO'として、「人々が棒や石に取りつかれたせいで」としましょう。

declareは第5文型を取り、golfがO、illegalがCになります。**declare O C**「**OがCだと宣言する**」になります。第5文型を取る動詞は、make、keep、leave、callなどがあります。追加で**declare O C**をおさえておきましょう。ここまでを 英文図解 で確認します。

英文図解

The angry king, [seeing his power and safety at risk because
　　　　　　　　　　　　▲
　S　　　　　　　分詞構文　　　　　　　　　　　　M

of the people's obsession with sticks and stones], declared
　　　　　　　　　　　　　　　　　　　　　　　　　　　　V

golf illegal [in 1457].
　O　　C　　　M

和訳 怒った王様は、人々が棒や石に取りつかれたせいで、自分の権力や安全が脅かされるのを目にしたので、1457年にゴルフを違法とした。

次の英文の意味を考えなさい。

Our expectations, our culture, and our experiences can render even perceptions of the environment nearly incommensurable cross-culturally.

（東京農工大）

andが Our expectations, our culture, our experiences の3つの名詞を接続して、文のSになっています。render は、第5文型を作り、**render O C**「**OをCにする**」になります。無生物主語 **make O C** と同様の型なので、**因果関係**を意識して訳出します。

perceptions of the environment がO、nearly incommensurable がCになります。**incommensurable**「**同じ基準で比較できない**」の意味です。cross-cultural「文化を横断する」＝「異文化間の」で、**cross-culturally**と副詞になると「**異文化間で**」となります。ここまでを英文図解で確認します。

英文図解

Our expectations, our culture, and our experiences can render
　　　　　　　　　　　　　　　S　　　　　▲　　　　　　　　　V
　　　　Our expectations, our culture, our experiences の3つの接続
even perceptions of the environment nearly incommensurable
　　　　　　　　　　O　　　　　　　　　　　　　　C
cross-culturally.
　　M

和訳 私たちの期待、文化、経験のせいで、環境に対する認識ですら、異文化間では同じ基準でほとんど比較できないことがある。

第11章

文型編

テーマ38 の重要語彙リスト

at risk	熟 危機に瀕して
obsession	名 取りつかれること
stick	名 棒
declare O C	動 O を C と宣言する
illegal	形 違法の
render O C	動 O を C にする
perception	名 認識
incommensurable	形 同じ基準で比較できない
cross-culturally	副 異文化間で

39

知覚動詞の応用がわかれば
難しい英文が読める

確認問題 62

次の英文の意味を考えなさい。

Look at that dead leaf blowing in the wind or your cat sitting

by a window, or a young boy or girl asleep on a train. （長崎大）

Look atがVで、命令文になります。**that dead leaf**「その枯葉」がO、
blowingがCになります。実は、look atも第5文型を取ることができます。

ポイント 50 知覚動詞 (応用編)

例	文

I watched him getting out of the room.
訳　私は彼が部屋から出ていくのを見た。
I looked at her eating that pie.
訳　私は彼女がそのパイを食べるのを見た。
I listened to women talk to their children.
訳　私は女性たちが自分の子供に話しかけるのを聞いた。

　知覚動詞といえば、**see, hear, feel**が有名で、すべて**第5文型**を取る
ことができます。**C**には動詞の原形や**doing, p.p.**が入ります。実は、「**見
る**」という意味の**watch**や**look at**、そして「**聞く**」という意味の**listen
to**も第5文型を取ることができるのです。上から順に、**watch O C**「**Oが
Cするのを見る**」、**look at O C**「**OがCするのを見る**」、**listen to O C**「**O
がCするのを聞く**」となります。

　確認問題 に戻ると、orの後ろは、**your cat**がO、**sitting**がCなので、
orが that dead leaf blowing in the windと your cat sitting by a windowの
look at O CのO Cを接続しているとわかります。
　2つ目のor以下も、**a young boy or girl**がO、**asleep**がCで**look at
O CのO Cを3つ接続している**とわかります。ここまでを 英文図解 で確認

第
11
章

文
型
編

します。

英文図解

that dead leaf ～ wind と your cat ～ window を接続

▼

<u>Look at</u> that dead leaf blowing in the wind or your cat sitting
　V　　　　　O　　　　　　　　C　　　　　　　　O　　　　C

by a window, or a young boy or girl asleep on a train.
　　　　　　　　　▲　　　O　　　　　　　　C

look at ＯＣのＯＣを３つ接続

和訳 その枯葉が風の中を舞っている様子か、あなたの猫が窓のそばで座っ
ている様子か、あるいは幼い少年少女が電車で寝ている様子を見なさ
い。

応 用 問 題 62

次の英文の意味を考えなさい。

When I give my students the assignment to watch children
interacting, they always notice girls using talk to accomplish
goals, in contrast to boys who use action. 　　（宇都宮大）

　Whenから副詞節が始まり、interactingまでの意味のカタマリを作り、
文のVのnoticeを修飾します。Whenの中身は、**give O₁ O₂の第４文型**
で、**to watch**から不定詞の形容詞的用法で、**the assignment**を修飾しま
す。**watch O C「ＯがＣするのを見る」** と第５文型が使われています。

　主節は、theyがS、alwaysはM、noticeがVです。さらに、**notice も
第５文型を取る**ことができます。**notice O C「ＯがＣするのに気付く」**
で、知覚動詞の一種になります。girlsがO、using ～がCになります。
to accomplishは不定詞の副詞的用法で「**～を達成するために**」です。**in
contrast to**「～と対照的に」で、whoから関係代名詞のカタマリが始まり、
actionまでの形容詞節を作りboysを修飾します。ここまでを**英文図解**で確
認します。

[When I give my students the assignment to watch children

my students を指す
M
不定詞 形容詞的用法

interacting], they always notice girls using talk to accomplish
S   M   V   O   C
不定詞 副詞的用法「〜するために」

goals, [in contrast to boys who use action].
M
関係代名詞

和訳 私が自分の生徒に子供が交流するのを観察する課題を課すとき、彼らはいつも、男の子が行動を用いるのとは対照的に、女の子は目標を達成するのに対話を使うのに気付く。

テーマ39 の重要語彙リスト

dead leaf	名	枯葉
blow	動	風に吹かれる
assignment	名	課題
interact	動	交流する
notice O C	動	O が C するのに気付く
accomplish	動	達成する
in contrast to	熟	〜と対照的に

第11章

文型編

テーマ **1** ①	That people vote along ethnic lines is often entirely rational much like people in the West vote according to class or region.	人が民族によって投票することは、西洋の人々が階級や地域によって投票するのとほぼ同じように、まったく合理的であることが多い。
	That these authors were all themselves extraordinary figures whose colorful life-stories have been made the subject of biographies and television documentaries is perhaps not well-known.	これらの作者は、彼ら自身が全員、その華麗な人生が、伝記やテレビのドキュメンタリーの主題となっている並外れた人物であることは、おそらくあまり知られていない。
テーマ **1** ②	What distinguishes human verbal language from any other variety is that the code it uses is much more complex.	ヒトの言語を他のどの種の言語とも区別するものは、それが使う規則が他のものよりもずっと複雑だということだ。
	What is treated in high school as eternal and unchangeable fact will be treated in college as belief that may perhaps be well supported at the present but that could turn out to be wrong.	高校で永久不変の事実として扱われるものは、大学ではひょっとすると現在はしっかりと立証されているかもしれないが、間違っているとわかる可能性のある考えとして扱われるだろう。
テーマ **1** ③	Whether students are able to see the link between their present and future may have critical results for society.	学生が自分の現在と未来のつながりを見ることができるかどうかは、社会に重大な成果をもたらすかもしれない。
	Whether the controversial membership policy of the prestigious golf club will be modified so that women can join as regular members depends on the size of the profit they would bring to the club.	名声あるゴルフクラブの論争の的になっている会員規則が、女性が正会員になれるように修正されるかどうかは、女性がそのクラブにもたらすだろう利益の大きさ次第だ。
テーマ **1** ④	How a brief, casual stroll alters the various mental processes related to creativity remains unclear.	短時間かつ軽く歩くことで、創造性にかかわる様々な心理作用がどのように変わるのかは、いまだに明らかになっていないままだ。
	The capacity to find things beautiful seems to be almost universal — although, to a certain extent, which things are found beautiful varies according to time and place.	ものを美しいと思う能力は、ほぼ普遍的であるように思える。もっとも、どのものを美しいと思うかは、時間と場所によって、ある程度変わるものだ。
テーマ **2**	For any organization to be sustainable, it needs to be profitable for everyone across the supply chain: farmers, processors and retailers.	いかなる組織でも持続可能であるためには、サプライチェーン上のすべての人、すなわち農家、加工業者、小売店に利益をもたらす必要がある。

	She had proclaimed that for there to be any hope for society, dreaming of new possibilities was absolutely necessary.	彼女は、社会に希望が存在するためには、新しい可能性を夢見ることが絶対に必要だと宣言した。
テーマ **3**	The concept of people viewing beauty differently from their own points of view has been around in most cultures of the world since ancient times.	人が自分の観点から、違ったふうに美をとらえるという概念は、古代から世界のほとんどの文化で存在していた。
	Next time you board your plane, spare a little extra thought for your flight attendants, for they are the ones most responsible for you arriving at your destination safely after having had a great in-flight experience.	次にあなたが飛行機に乗るときは、フライトアテンダントのことを、いつもよりちょっと考えてみよう。というのは、その人たちが、素晴らしい機内での体験をした後に、あなたが目的地に安全に到着することに、最も責任のある人たちだからだ。
テーマ **4**	Students are chosen by lottery, with any fourth grader living in the Bronx eligible to apply.	学生は抽選で選ばれて、ブロンクスに住んでいる4年生であれば、誰でも応募する資格がある。
	There are no chairs in the cafeteria at one high school in central China. They disappeared during the summer so that students could store up a few precious extra minutes of study time. With the chairs gone, there was no risk of spending too much over lunch.	華中のある高校には、カフェテリアに椅子がまったくない。学生が、勉強時間の貴重な数分をとれるように、夏の間に椅子は撤去された。椅子がなくなったので、昼食を食べながらあまりに多くの時間を過ごすというリスクがなくなった。
テーマ **5**	It is not technology itself that is dangerous but how we choose to use it.	危険なのは、テクノロジーそのものではなくて、私たちがそれをどう使おうとするかだ。
	New research shows that it is not just the quantity but also the quality of parental input that matters.	新しい研究によると、親のアドバイスの量だけではなく、質も重要だということがわかっている。
テーマ **6**	Listening to the music improved our understanding of the mechanism by which the chains of amino acids interact to form a material during the silk-spinning process.	その音楽を聞くことによって、アミノ酸の鎖が、絹糸を紡ぐ過程で相互に作用して1つの素材を形成する仕組みを、私たちはますます理解できるようになった。
	The continued existence of knowledge depends on the existence of someone who possesses that knowledge.	知識がずっと残っていくことは、その知識を持っている人が残っているかどうか次第である。

テーマ 7 ①	Our understanding of the rules of grammar should allow us to determine when any utterance is finished.	私たちが文法のルールを理解しているおかげで、どんな話でもいつ終わるのかを判断できるはずだ。
	The extra caloric value we get from cooked food allowed us to develop our big brains, which absorb roughly a fifth of the energy we consume, as opposed to less than a tenth for most mammals' brains.	私たちが調理済みの食品から摂取する余分なカロリーのおかげで、私たちは大きな脳を発達させることができた。ほとんどの哺乳類の脳が、全身で消費するエネルギーの10分の1に満たないエネルギーを使い尽くすのに対して、私たちの脳は消費するエネルギーのおよそ5分の1を使い尽くす。
テーマ 7 ②	Speaking of cultural differences leads us to stereotype and therefore put individuals in boxes with 'general features'.	文化的相違について話すせいで、私たちは固定観念を抱いて、それゆえ個人を「一般的な特徴」という箱の中に入れてしまう。
	This leads many people to assume that the topics studied by sociologists and the explanations sociologists produce are really just common sense: what 'everyone knows'.	このせいで、多くの人は社会学者の研究するテーマや社会学者の行う説明が、いかにも常識、すなわち「みんなが知っていること」だと思い込んでしまう。
テーマ 7 ③	Banding together in social groups resulted in its own set of problems, including competition with others for limited resources, both food and prospective mates.	社会集団で集まることで、食料や将来の配偶者といった限られた資源を求めて他人と競い合うといった、それ自体が持つ一連の問題が生まれた。
	This increase in private investment will result in a large increase in the number of skilled workers that will be required, as well as the development of new areas of research.	このように個人の投資が増えることで、新しい研究分野の開発だけでなく、必要とされる熟練した労働者の数が大幅に増えるだろう。
テーマ 7 ④	Short exposures to nature can make us less aggressive, more creative, more civic-minded and healthier overall.	短時間でも自然に触れることで、私たちは全般的により攻撃性がなくなり、より創造的になり、より公共心をいだいて、健康になることができる。
	What we hold to be true is constantly open to being tested, which makes the truths that pass the test more reliable.	私たちが真実だと思うものが、たえず試され続けているおかげで、その検証を通過した真実がより信頼できるものとなる。

テーマ 7 ⑤	The disappearance of the large blue butterfly in the late 1970s was originally attributed to insect collectors.	1970年代後半に、その大型の青い蝶が消えたのは、元々は昆虫の採集家が原因だった。
	Some historians who have closely studied Japanese stomach troubles believe that the worsening of the problem can be attributed to home cooking, or rather to the pace at which that cooking is consumed.	日本人の胃のトラブルを詳しく研究してきた歴史家の中には、その問題が悪化したのは、家庭料理というよりむしろその料理を食べるペースが原因の可能性がある、と信じる者もいる。
テーマ 8 ①	Association football, commonly known as football or soccer, is a sport played between two teams of eleven players with a spherical ball.	アソシエーションフットボールは、一般的にフットボールやサッカーとして知られており、球状のボールを使って11人の選手から成る2チームでプレーするスポーツだ。
	The rest of the class, impressed that this principle was being put forth as the result of a scientific study and not just as a myth or rumor, nodded in agreement.	クラスの残り全員が、この原則が単なる作り話やうわさとしてではなくて、科学的研究の結果として公表されている最中であることに感銘を受けて、同意してうなずいていた。
テーマ 8 ②	He invited me to become a member, and I accepted with enthusiasm, eager to make the acquaintance of the others.	彼は私に会員になるように勧めたので、私は熱意をもって、すなわち他のメンバーと仲良くなりたいと強く願って、承諾した。
	Comfortable and engaged, I felt rewarded for the hard work I had put in to conquer a problem that had seemed overwhelming after the first work.	心地よく没頭していたので、最初の仕事の後に、圧倒的でどうしようもなく思えた問題を克服するために自分が注いだがんばりが、報われたように感じた。
テーマ 9 ①	Never before have so many people packed into cities that are regularly affected by earthquakes.	そんなに多くの人が、地震の影響を定期的に受ける都市に押し寄せたことは、以前は一度もない。
	Never before have I been so aware of, and annoyed by, the passage of mere seconds.	ほんの数秒が経過したことを、そんなに意識していらいらしたことは、以前に一度もなかった。
テーマ 9 ②	Only later did he learn that the river was only waist deep and could have been crossed without danger at any point.	後になってようやく、彼はその川は腰の深さしかなく、どの地点でも危険なしに渡れるとわかった。
	Only when you can instantly recall what you understand, and practice using your remembered understanding, do you achieve.	あなたが自分の理解していることをすぐに思い出し、その記憶した理解を使う練習ができて、ようやく目標を達成する。

各テーマの確認問題・応用問題一覧

テーマ	English	Japanese
9 ③	Not only is it important for children to learn when and where they were born, it also helps develop confidence and pride.	子供たちが、自分がいつどこで生まれたかを知ることは重要であるだけではなく、自信やプライドを育むことにも役立つ。
	Studies like this show that not only is regret an important consequence of many decisions, but that the prospect of regret is an important cause of many decisions.	このような研究によると、後悔は多くの決定の重要な結果であるだけではなく、後悔するかもしれないという予想も、多くの決定の重要な要因とわかっている。
9 ④	Hardly had we reached the cottage when it began to rain.	私たちが小屋に着くとすぐに、雨が降り出した。
	Even a so-called war zone is not necessarily a dangerous place: seldom is a war as comprehensive as the majority of reports suggest.	いわゆる戦闘地域でさえ、必ずしも危険な場所なわけではない。戦争は、報告の大多数が示すほど広範囲には、めったにならないのだ。
10	Never once did I hear him use his position or title to advance his own interests, nor did he ever boast of his personal achievements.	私は、かつて一度も、彼が自分の利益を増やすために、地位や肩書を使ったのを聞いたことがないし、彼は今まで個人的な成果を自慢したこともなかった。
	If asked about sustainable food systems, most people think about the environment, climate and social responsibility. These pillars are key to sustainability, so is the economics of food.	もし持続可能な食糧システムについて問われると、ほとんどの人が環境、気候、そして社会的責任について考える。これらの柱が、持続可能性には重要で、食糧の経済的側面も重要だ。
11 ①	Dutch dairy exports might be even larger were it not for the fact that the Dutch eat so much dairy themselves.	オランダ人が自らそんなに多くの乳製品を食べるという事実がなければ、オランダの乳製品の輸出はさらに多いかもしれない。
	The president argued that some lands owned by the government would be managed more effectively were they to be transferred to private companies.	議長は、もし仮に、民間企業に政府が所有する一部の土地が渡れば、もっと効果的に管理するだろうと主張した。
11 ②	Both male and female players received a brain assessment before the season began, and will undergo follow-up examinations should they experience a head injury.	男性と女性のプレイヤーともに、シーズンが始まる前に脳の検査を受けて、万が一頭に損傷を受けるなら、さらに検査を受けることになるだろう。

226

	Organizers wouldn't be held liable should anything go wrong with food taken from the fridge.	万が一、冷蔵庫から取り出した食料に何かおかしいところがあっても、主催者は法的責任があるとは思われないだろう。
テーマ 12	The first objects that can reliably be called art date from this era, as does the first clear evidence for religion, commerce and social order.	宗教、商売、社会秩序の最初の明らかな形跡と同様に、芸術と確かに呼ぶことのできる最初のものは、この時代にさかのぼる。
	Learning is a phenomenon that can be observed across the animal kingdom. Complex creatures such as humans can do it, as can insects such as honey bees and ants.	学習行為は、動物界で観察できる現象だ。人間のような複雑な生き物は、ミツバチやアリのような昆虫と同様に、学習行為が可能だ。
テーマ 13	As competition between products grows, so does doubt over their effectiveness.	商品間の競争が増えるにつれて、その効果への疑念も増える。
	Just as different languages often serve a unifying and separating function for their speakers, so do speech characteristics within languages.	ちょうど様々な言語が、それを話す人を統合したり、分離させたりする機能を果たすことが多いように、言語内での話し方の特徴も同様の機能を果たす。
テーマ 14 ①	At the center of psychological research was an attempt to solve a deceptively simple puzzle: what makes life worth living when we are old?	心理学の研究の中心には、年老いたとき、何によって人生が生きる価値のあるものになるかという、人を惑わせる単純な謎を解決しようとする試みがあった。
	At the heart of this combination of research findings lies a surprisingly simple, yet vitally important phenomenon — cooperation.	このように研究結果を組み合わせることの中心には、驚くほど単純だが極めて重要な現象、すなわち協力がある。
テーマ 14 ②	Research indicates that children as young as two collaborate in joint activities and have a firm grasp of a simple concept of fairness. Less clear is the age at which children understand and value the notions of joint commitment and obligation involved in cooperative endeavors.	研究によると、２歳程度の子供が共同作業で協力して、公平さという単純な概念をしっかりと理解しているとわかっている。より明らかでないのは、子供が、協力行為にかかわる共同作業や義務という概念を理解して重視する年齢だ。

	The less polished pictures are not only welcomed as possessing a special kind of authenticity. Some may compete with the best, so permissive are the standards for a memorable, eloquent picture.	より完成度の低い写真は、特別な真正さがあると歓迎されるだけではない。中には最高の写真とはりあえるものもあるかもしれない。記憶に残り、感銘を与える写真の基準は甘いのだ。
テーマ **14** ③	Related to the plastic waste problem is one that shocks visitors from countries where food shortages and starvation remain issues: Japan's huge volume of wasted food.	プラスチックゴミ問題に関係しているのは、食糧不足や飢餓が依然として問題である国からの訪問者に、ショックを与える日本の大量の食糧廃棄問題だ。
	Not far from the historic buildings is an ancient church that has barely changed for centuries and is surrounded by long grass.	その歴史的建築物から遠くないところに、何世紀もほとんど変わっておらず、長い草に囲まれた古めかしい教会がある。
テーマ **15** ①	Whether there is enough food left for the rest of us I am not sure at this moment.	十分な食料が私たちの残りの全員に残されているかどうかが、私には今はわからない。
	When I was a child, I was allowed to look inside a small film projector. I saw these little still images passing through the machine slowly. "Pieces of time," that's how a famous actor defined movies. That wonder I felt when I saw these little figures move.	子供のころ、小さな映写機の中を見ることが許された。この小さな静止画が、機械の中をゆっくりと動いているのが見えた。「時間の断片」、そうある有名な俳優が映画を評した。その驚きを私が感じたのは、これらの小さな画像が動くのを見たときだ。
テーマ **15** ②	Iran's supreme leader made clear that Mr. Trump's decision was, in his view, further proof that the United States could never be trusted to keep its word.	イランの最高指導者は、トランプ大統領の決断が、彼の考えでは、アメリカが約束を守るという点で、決して信頼がおけないことをさらに示すものだと明らかにした。
	If I realize that I am unsympathetic to an author's viewpoint, I suspend judgment about the text's meaning until I have made certain that I truly understand what the author is saying.	もし私が、作者の観点に共感できないと気付いたら、作者が言おうとしていることを本当に理解していることが確実になるまで、その文章の意味に関する判断を保留する。
テーマ **16**	Babies and children learn from their parents' faces what is in their parents' minds and they adjust their own inner mental lives accordingly.	赤ん坊や子供は、親の顔から、その親が考えていることを学び、それに従って、自分の内面の精神世界を調整する。

	While we potentially have the means to control our bodies more than ever, we are also living in an age which has thrown into radical doubt our knowledge of the consequences of this control.	私たちは、ますます自分の体を管理する手段を手にする可能性があるが、私たちはまた、この管理が持つ影響に関する私たちの知識に、根本的な疑念を投げかける時代に生活している。
テーマ **17** ①	In 2012, an attempt was made to track down that same pool of participants and, of those found, 174 agreed to take part in the continued research.	2012年に、同じ調査への参加者を追跡する試みが行われて、見つかった人のうち、174人が継続調査に参加することに同意した。
	Given the fact that there has been little reduction in the number of children out of school since 2007, a final push will be needed to ensure that as many children as possible are in school.	2007年以降学校に通っていない子供の数がほとんど減っていないという事実を考慮すると、できる限り多くの子供が学校に通うことを確実にする最後の一押しが必要とされるだろう。
テーマ **17** ②	Only a few cases come to mind where social proof is of value.	社会的証明が価値を持つ場面は、ごくわずかしか頭に浮かばない。
	For social movements to arise, certain political, economic, or other problems must first exist that prompt people to be dissatisfied enough to begin and join a social movement.	社会運動が起こるには、その運動を始めて、それに参加するほど人を不満にさせる、ある種の政治的、経済的、その他の問題が最初に存在していなければならない。
テーマ **17** ③	The fear is even expressed that the AI revolution might lead to mass unemployment.	AI革命が原因で、大量の失業が生まれるかもしれないという恐怖が表明らされている。
	Whether or not "Thatcherism" is guilty of today's economic woes, the fact remains that Britain is in trouble.	サッチャリズムが現代の経済的苦境に責任があろうとなかろうと、イギリスが苦しんでいるという事実は変わらない。
テーマ **18** ①	Who are we to tell an African father, proud of raising his children to speak English, rather than the local dialect of his traditional village, that he is wrong?	子供が、昔からの村の方言ではなく、英語を話せるように育てたことを誇りに思うアフリカ人の父親に、彼は間違っていると言うなんて、私たちは何様だろうか。
	There is nothing wrong with girls liking pink and princess, as long as they have equal access - both practical and psychological - to toys that promote scientific skills and critical thinking.	女の子にとって、現実的かつ心理的にも平等に、自然科学的な能力や批判的思考力を促進するおもちゃが手に入る限り、ピンクやプリンセスを好きなことに何もおかしなことはない。

各テーマの確認問題・応用問題一覧

テーマ 18 ②	Women are more likely than men to face harassment when they express their opinions.	女性が意見を言うとき、男性よりハラスメントに直面する可能性が高い。
	Students have by May at the latest to decide whether they wish to audit regular classes during the summer or whether they intend to do an internship in a company or organization relating to their major.	学生は、遅くとも5月までには、夏の間の通常授業を聴講することを望むかどうか、専攻に関係する会社や組織のインターンシップをするつもりかどうかを決めなければいけない。
テーマ 19 ①	The secret of influencing people lies not so much in being a good talker as in being a good listener.	人に影響を与える秘訣は、上手に話すことよりむしろ、上手に聞くことにある。
	Ideologies matter, not so much as guides to history, but as vehicles for belief and political action.	イデオロギーは、歴史の手引書として、というよりむしろ信念や政治活動の伝達手段として重要だ。
テーマ 19 ②	Our expressions are less a mirror of what's going on inside than a signal we're sending about what we want to happen next.	私たちの表情は、内面で起こっていることを映し出すものというよりむしろ、次に起こってほしいものに関して送っている信号なのだ。
	She and other researchers compare the lure of digital stimulation less to that of drugs and alcohol than to food and sex, which are essential but counterproductive in excess.	彼女と他の研究者は、デジタルの刺激の魅力を、ドラッグやアルコールの魅力というより、不可欠だが、過度に摂取すると逆効果となる食べ物やセックスにたとえる。
テーマ 20 ①	The more people present when a person needs emergency help, the less likely it is any one of them will lend a hand.	人が緊急の助けを必要とするとき、その場にいる人が多ければ多いほど、それだけその人たちの誰かが手を貸してくれる可能性は低くなる。
	There are strong reasons for suggesting that the more we have been able to alter the limits of the body, the greater has been our uncertainty about what constitutes an individual's body.	私たちが、体の限界を変えることができるようになればなるほど、それだけ個々の体を構成するものがわからなくなってきていることを示唆する有力な根拠がある。
テーマ 20 ②	The more money I had, the more I spent and the more I lived in an anxious mood of always trying to make more.	お金を多く持てば持つほど、それだけ多くを使い、それだけ常にもっと稼ごうという不安な気持ちで生きていた。

	We believe that the more information and ideas we produce, and the more people we make them available for, the better our chances of making good decisions.	私たちが生み出す情報やアイデアが多ければ多いほど、そしてそれらを利用してもらう人が多ければ多いほど、私たちが良い判断をする可能性がそれだけ高くなると、私たちは信じている。
テーマ 21	Nature no more obeys the territorial divisions of scientific academic disciplines than do continents appear from space to be colored to reflect the national divisions of their human inhabitants.	大陸が、宇宙から見ると、人間の居住者による国家的区分を反映するように色分けされているように見えないのと同様に、自然は、科学の学問分野の領域区分に従うことはない。
	What was no less amazing than the poor quality of the spectacle was the number of people who had come to witness it.	そのショーの質が低いのと同様に驚きだったのは、それを見にやってきた人の数だった。
テーマ 22 ①	Strange as it may seem, ice is the source of all life in Antarctica.	不思議に思えるけれども、氷は南極大陸のあらゆる生命の源だ。
	Paradoxical as it may seem, without obligations — sometimes damn irritating ones — there may be no real basis for friendship.	逆説的に思えるが、それは時にひどくイライラするものだけれども、義務がなければ、友情の本当の基礎となるものはないかもしれない。
テーマ 22 ②	As different as the Indo-European languages were from one another, they all preserved bits of ancient vocabulary and grammar.	インド・ヨーロッパ語族は、お互いに異なるけれども、すべて古代の語彙や文法を少し維持していた。
	As uncomfortable as this may seem, especially among colleagues you would typically want to impress, the result will be a broader range of creative ideas, which will surely impress them even more.	このことは、特にあなたがいつもよい印象を与えたいと思う同僚には気まずく思われるが、結果として、より広範囲な創造的アイデアを生み出し、きっとその同僚たちに、さらによい印象を与えるだろう。
テーマ 22 ③	Risky though such activities may be, they allow people to expand their horizons.	そのような活動はリスクがあるけれども、そのおかげで人々が視野を広げることができる。

	Animal lovers though we are, we may feel a pang of pride, when we see our cat proudly bringing home a large mouse or even, maybe, a rabbit.	私たちは動物が大好きだけれども、自分の猫が大きなネズミや、ともするとウサギすら誇らしげに家に持ち帰るのを目にすると、胸のうずくような誇りを感じるかもしれない。
テーマ 23	The first game resembling baseball as we know it today, was played in 1846.	私たちが今日知っているような野球に似ている最初の試合は、1846年に行われた。
	As we're surrounded by so much packaging nowadays, you might think it has always been there. Yet two hundred years ago, the average household in Western society produced almost no garbage as we understand it today.	私たちは今日、非常に多くの包装に取り囲まれているので、昔からあったと思うかもしれない。しかし、200年前には、西洋社会の平均的な家庭は、現代の私たちが知っているようなゴミはほとんど出さなかった。
テーマ 24	As is often said, the United Kingdom and the United States are divided by a common language.	よく言われているように、イギリスとアメリカは1つの共通言語で分けられている。
	As is suggested by the growing problem of obesity, physical activity may have benefits to individuals and to society that go beyond simply getting from A to B.	肥満の問題が増加していることからわかるように、体を動かすことは、単にAからBへと移動する以上のメリットを個人や社会に与えるかもしれない。
テーマ 25	Stories are our soul. Write and tell yours with your whole selves. Tell them as if they are all that matters. It matters that you do it as if that's all there is.	物語は私たちの魂だ。全身全霊で、あなたの物語を書いて語りなさい。重要なのはそれだけであるかのように語りなさい。存在しているのはそれだけであるかのように語ることが重要だ。
	This energy you have generated will carry you through the interview, and all the interviewer will remember about you will be your keenness and enthusiasm for the position rather than your nerves.	あなたが生み出したこのエネルギーによって、面接を切り抜けられるだろう。そして面接官があなたに関して覚えているのは、あなたの緊張というよりむしろ、あなたのその仕事への熱心さや熱意だけだ。
テーマ 26	Experiments have shown that people are unable to inhibit responses to gaze even when instructed to.	実験によると、人はそうするように指示されたときでさえ、じっと見つめる視線に対する反応を抑えることができないとわかっている。
	However, readers also have to be able to infer meanings that are not explicitly stated, but which readers can agree are available, though hidden, in the text.	しかし、読者は、はっきりとは述べられていないが、隠されているけれども、文章の中で読み取れると読者が同意できる意味も推測できなければならない。

テーマ 27	Getting accustomed to British English can be challenging for those more familiar with American English.	イギリス英語に慣れることは、アメリカ英語により精通している人には、骨の折れる作業になる可能性がある。
	Few creatures in the wild fascinate humans as do gorillas. For those lucky enough to have seen them, it would be hard to imagine Africa's Congo without the gentle giants.	野生の生き物で、ゴリラほど人間を魅了するものはほとんどない。ゴリラを見たことのある幸運な人にとって、アフリカのコンゴを、その優しくて巨大な生き物なしで想像することは難しいだろう。
テーマ 28	Operating a keyboard is not the same at all: all you have to do is press the right key. It is easy enough for children to learn very fast, but above all the movement is exactly the same whatever the letter.	キーボードを操作することは、（手書きとは）まったく同じではない。正しいキーを押すだけで良い。それは、子供がとても速く身に付けられるほど簡単だが、とりわけその動きは、文字が何であってもまったく同じだ。
	Scientists involved in this research have suspected and sometimes shown that exercisers, whatever their species, tend to become hungrier and consume more calories after physical activity.	この研究に関わった科学者は、運動するものは、その種が何であっても、運動をした後はより空腹になり、より多くのカロリーを消費する傾向にあると思って、時に証明してきた。
テーマ 29	The confusion that followed was enormous and the plan a total failure.	後で起きた混乱はひどく大きなもので、その計画は完全に失敗だった。
	Bamboo seemed the obvious choice for China, palm leaves for India and southeast Asia, clay bricks for Mesopotamia and papyrus for Egypt, as long as the plant grew plentifully in the Nile Valley.	竹は中国にとって、ヤシの葉はインドや東南アジアで、粘土レンガはメソポタミアで当然の選択肢に思えたし、そしてパピルスがナイル川流域で豊富に生育する限り、それはエジプトで当然の選択肢であるように思えた。
テーマ 30	Conversely, what if the world's scientific community were to model itself after our political elite?	逆に、仮に世界の科学者集団が、私たちの政治エリートを手本にするとしたら、どうなるだろうか。
	What if, rather than focusing on the new promises or discontents of contemporary civilization, we see today's changes primarily as changes in what human beings do with their hands?	現代文明が持つ新しい可能性や不満に焦点を当てるよりむしろ、今日の変化を、主に人間が手を使ってできるものが変化したものとみなしてはどうだろうか。
テーマ 31 ①	Children make so many errors when they are young that conversations would break down entirely if parents tried to fix all of the errors.	子供が幼いときに、とても多くの間違いをするので、親がその間違いのすべてを直そうとしたら、会話がまったく成り立たないだろう。

各テーマの確認問題・応用問題一覧

		So much of the earth itself remained unexplored, that these creatures would eventually be found in remote part of the world, or in the oceans.	地球そのもののとても多くの部分が未開拓のままだったので、これらの生き物は世界の辺境や海洋で最終的に見つかったのだろう。
テーマ **31** ②		Your car is comfortable, but it's not so comfortable that you want to spend more time in this big metal container than you have to.	あなたの車は快適だが、必要以上にこの大きな金属の容器で時間を過ごしたくなるほど快適ではない。
		Children were all endowed with a brain so flexible and adaptable that it could, with the right sort of training, develop a capability that seems quite magical to those of us who do not possess it.	子供たちは、正しい訓練を積めば、私たちの中でそれがない人にはすごい魔法のように思える能力を発達させることができるほど柔軟で適応力のある脳をみんな授かっていた。
テーマ **32**		Ninety percent qualify for free lunch, which is to say that their families earn so little that the U.S. government assists so the children can eat properly at lunchtime.	90パーセントが無料で昼食を食べる資格がある。それはすなわち、子供が昼時にきちんと食べられるようにアメリカ政府が援助するほど、その家族の稼ぎが少ないということだ。
		The treadmill was set at such a steep angle and turned up to such a fast speed that the average man held on for only four minutes.	トレッドミルはとても急な角度に設定されて、とても速いスピードに上げられたので、平均的な男性は4分間しか持たなかった。
テーマ **33**		Things that I thought were unacceptable a few years ago are now commonplace in my house.	数年前には受け入れられないと思った状況が、私の家では今やごく普通のことになっている。
		The journalist often organizes the material to coincide with what he believes is the true meaning of the happening.	ジャーナリストは、その出来事の本当の意味だと彼が信じるものと一致する題材をまとめることが多い。
テーマ **34**		The singer earned a huge amount of money through her concert, half of which she donated to charity.	その歌手は、コンサートによって多額のお金を稼ぎ、（そして）その半分を慈善事業に寄付した。

	Some satellites have exploded or have collided, one with another, and each time this happens, they fragment into small pieces, all of which continue to orbit the Earth.	人工衛星の中には、爆発するか、他の人工衛星と衝突するものもある。そして、このことが起きるたびに、その人工衛星は粉々になり、小さな破片となって、そのすべてが地球の周りを回り続ける。
テーマ **35**	Once the nervous system has been given enough cues to treat the virtual world as the world on which to base expectations, virtual reality can start to feel real.	一度神経システムが、仮想世界を予測のもととなる世界とみなすのに十分な手掛かりを与えられると、仮想現実が本物であると感じ始めることがある。
	We have no common terms by which to describe our expectations of aunts and uncles or their typical activities and to differentiate them from the expectations and activities of other family members such as parents or grandparents.	私たちには、おばやおじに期待するものや、彼らの典型的な行動を説明したり、それらを親や祖父母のような他の家族に対する期待や行動と区別したりする共通の用語がない。
テーマ **36**	Mrs. Chalker sat at a chair next to the teacher's desk and bravely listened as Mrs. Ebbel told her about Bradly. There was nothing Mrs. Ebbel said that she didn't already know.	チョーカーさんは、その教師の机の隣の椅子に座って、エブル先生がブラッドリーについて話をする間、勇敢にも聞いていた。エブル先生が話した中で、彼女がまだ知らないものは、何もなかった。
	We speak of "knowledge for its own sake," but there is nothing we learn that does not put us into a different relation with the world — usually, we hope, a better relation.	私たちはそれ自体のための知識について話をするが、私たちが学ぶ中で、世界との異なる関係性、たいていは私たちが望む、より良い関係に引き込んでくれないものはない。
テーマ **37**	When we stop to consider all that they go through in order to protect our society, the very least we can do is afford them the same understanding they can get from their companion animal.	私たちが立ち止まって、彼らが私たちの社会を守るために経験するすべてのことを考慮すると、私たちが最低限できるのは、彼らが、ペットから得られるのと同じように、彼らを理解することくらいだ。
	Parents said that they denied their children the freedom that they themselves had enjoyed, because of the fear of traffic, and also of strangers.	親は、車の往来や見知らぬ人も恐れて、親自身が享受してきた自由を子供たちに与えていないと言った。

テーマ 38	The angry king, seeing his power and safety at risk because of the people's obsession with sticks and stones, declared golf illegal in 1457.	怒った王様は、人々が棒や石に取りつかれたせいで、自分の権力や安全が脅かされるのを目にしたので、1457年にゴルフを違法とした。
	Our expectations, our culture, and our experiences can render even perceptions of the environment nearly incommensurable cross-culturally.	私たちの期待、文化、経験のせいで、環境に対する認識ですら、異文化間では同じ基準でほとんど比較できないことがある。
テーマ 39	Look at that dead leaf blowing in the wind or your cat sitting by a window, or a young boy or girl asleep on a train.	その枯葉が風の中を舞っている様子か、あなたの猫が窓のそばで座っている様子か、あるいは幼い少年少女が電車で寝ている様子を見なさい。
	When I give my students the assignment to watch children interacting, they always notice girls using talk to accomplish goals, in contrast to boys who use action.	私が自分の生徒に子供が交流するのを観察する課題を課すとき、彼らはいつも、男の子が行動を用いるのとは対照的に、女の子は目標を達成するのに対話を使うのに気付く。

本文デザイン：熊アート
校正：鷗来堂
音声収録：英語教育協議会ELEC
音声出演：Jennifer Okano、水月優希

おわりに

　前著『**大学入試　肘井学の　読解のための英文法が面白いほどわかる本**』が、読者の皆様のおかげで何度も増刷を重ねていくことができました。あまり奇異なテクニックに走らずに、長く売れ続ける定番書となることを願いながら、執筆しました。

　全然英語力がない状態からでも読み通せて、かつ基本的な英文パターンを、どの参考書よりも網羅している本、そしてこの1冊で基本的な英文が読めるようになる本、それを念頭に置いて執筆しました。

　大変ありがたいことに、前著を購入した読者の皆様から、この本の難しいバージョンが欲しいという声を、何度もいただきました。その声のおかげで、今回の『**大学入試　肘井学の　読解のための英文法が面白いほどわかる本　難関大編**』が生まれました。読者の皆様の大変ありがたいお言葉に、この場をお借りして御礼申し上げます。

　前著で確固とした英文読解の基礎を作り上げて、本書でその応用力を学んで、万全の読解力を身に付けてください。

　最後に、本書を企画・立案して、実現へと導いてくださったKADOKAWAの丸岡希実子様、本書のデザインを施してくださった熊アート様、本書の校正を念入りに行っていただいた鷗来堂様、校正者の方々に、そして最後まで本書を読んでくださった読者の皆様に、心より御礼を申し上げます。

肘井　学

スマートフォンで音声を聴く場合

abceed アプリ（無料）

Android・iPhone 対応

スマートフォン
で簡単に
再生できます

再生スピードを
変えることが
できます

＊ご使用の際は、スマートフォンにダウンロードしてください
＊ abceed 内には本書の有料アプリ版もあります
＊ abceed premium は有料 です
　使い方は、www.globeejapan.com でご確認ください

https://www.globeejapan.com/

肘井　学（ひじい　がく）
　慶應義塾大学文学部英米文学専攻卒業。全国のさまざまな予備校を
へて、リクルートが主催するネット講義サービス「スタディサプリ」
の教壇に立ち、高校生、受験生から英語を学びなおす社会人まで、圧
倒的な満足度を誇る。「スタディサプリ」で公開される「英文読解」
の講座は、年間25万人の生徒が受講する超人気講座となっている。
　主な著書に『大学入試　肘井学の　ゼロから英語長文が面白いほど
わかる本　音声ダウンロード付』『大学入試　肘井学の　ゼロから英
文法が面白いほどわかる本　音声ダウンロード付』『大学入試 肘井学
の 作文のための英文法が面白いほどわかる本 音声ダウンロード付
き』（以上、KADOKAWA）、『高校の英文法が1冊でしっかりわかる
本』『高校の英文読解が1冊でしっかりわかる本』『大学入試 レベル
別英語長文問題ソリューション』シリーズ（以上、かんき出版）、『大
学入試 すぐわかる英文法』（教学社）などがある。

大学入試　肘井学の　読解のための英文法が面白いほどわかる本
難関大編　音声ダウンロード付

2021年6月18日　初版発行
2024年9月10日　10版発行

著者／肘井　学

発行者／山下　直久

発行／株式会社KADOKAWA
〒102-8177　東京都千代田区富士見2-13-3
電話 0570-002-301（ナビダイヤル）

印刷所／株式会社加藤文明社印刷所